HISTOIRE

DE

MARCHESEUIL

(Côte-d'Or)

PAR

L'abbé P. FERRET

CURÉ DE GEMEAUX
MEMBRE DE PLUSIEURS SOCIÉTÉS SAVANTES

C'est à la religion qu'il appartient de perpétuer les souvenirs et de prendre sous sa garde les tombeaux.

GUIZOT.

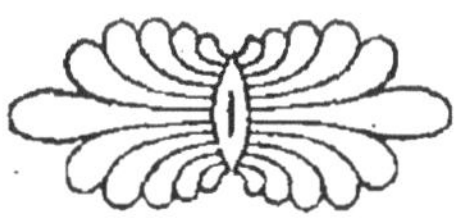

CHATILLON-S-SEINE

IMPRIMERIE PICHAT ET PEPIN

1897

HISTOIRE

DE

MARCHESEUIL

(Côte-d'Or)

IMPRIMERIE GÉNÉRALE DE CHATILLON-SUR-SEINE. — PICHAT ET PEPIN.

HISTOIRE

DE

MARCHESEUIL

(Côte-d'Or)

PAR

L'abbé P. FERRET

CURÉ DE GEMEAUX

MEMBRE DE PLUSIEURS SOCIÉTÉS SAVANTES

> C'est à la religion qu'il appartient de per-
> pétuer les souvenirs et de prendre sous
> sa garde les tombeaux.
>
> GUIZOT.

CHATILLON-S-SEINE

IMPRIMERIE PICHAT ET PEPIN

—

1896

PRÉFACE

Grâce à Dieu, j'ai pu voir Paris, Lyon, Bordeaux, Toulouse, Pau avec son incomparable panorama, Lourdes, un coin du ciel sur la terre, quelques sites du Dauphiné et de la Savoie, l'azur de la Méditerranée et de l'Italie, Turin, Gênes la superbe, Rome enfin, la ville éternelle, rayonnante dans son auréole splendide : les souvenirs de sa puissance, ses édifices, ses catacombes, ses basiliques, le pape Léon XIII. J'ai vu avec ravissement le soleil dorer de ses feux naissants les blancs sommets des Alpes, teinter le mont Rose de son brillant éclat, et plonger son disque dans les flots empourprés des couleurs les plus variées et les plus vives.

Et pourtant, il y a un lieu que je ne puis oublier, c'est le lieu de mon berceau, parce que là j'ai reçu trois bienfaits : le présent de la vie, la grâce du baptême et les prémices de ma vocation sacerdotale. D'autres, plus éloquents, ont parlé des villes et des sites célèbres. Pour moi, je dirai l'humble passé de mon village. Aussi bien, Dieu m'ayant fait quelque loisir, je l'ai consacré à l'étude de Marcheseuil.

Les savants, les étrangers ne trouveront pas, dans ces quelques lignes, le récit de faits éclatants ni la vie de personnages illustres. Nous essaierons de présenter les phases et les aspects divers de notre modeste village, heureux de payer notre dette de reconnaissance à notre pays natal, et de donner à nos compatriotes une trop faible marque d'intérêt et de sympathie.

On nous pardonnera quelques considérations générales dans lesquelles nous avons encadré notre sujet; nos descriptions ont franchi parfois le périmètre de notre localité. Le pin, à la taille svelte et élancée, est assurément un arbre gracieux; mais, à côté du pin, on rencontre le chêne ou le hêtre aux vastes rameaux, aux racines profondes et étendues.

Il y a six ans, nous décrivions deux villages, dissimulés à la naissance d'un petit vallon, au pays d'Auxois, à la tête de la Drenne et au sommet du bassin de la Seine [1]. Le présent travail

---

1. *Histoire de Drée, de Verrey-sous-Drée et de la maison de Drée,* par l'abbé Ferret. Dijon, Jobard, 1890.

est consacré à un village situé au sommet du bassin de la Loire, et au midi des mêmes plateaux
de Sombernon, de Meilly et de Pouilly, au pied
du mont de Bar :

Sommets ! libres autels, où dans ma foi première,
J'ai respiré, senti, touché le Dieu vivant [1].

L'histoire est le récit des faits qui se sont passés
au sein de l'humanité. Mais les temps géologiques
n'offrent-ils pas eux-mêmes un véritable intérêt
dans la formation du théâtre où se déroulera
l'histoire proprement dite ? L'histoire est la marche des peuples sous le regard et la direction de
Dieu ; de même l'histoire géologique est le développement progressif des éléments sous les yeux
de Dieu, et sous l'action de sa toute-puissance
s'exerçant dans des lois sublimes. Histoire gran-
diose, admirable, dont les jours se comptent par
des siècles !

Que s'est-il donc passé depuis l'instant solennel où Dieu créa, comme en se jouant, la semence
du monde, immense nébuleuse, gaz raréfié, substance informe, chaos profond, qui renfermait toute
l'économie de l'avenir ?

Dieu a imprimé un mouvement à cette masse
ténébreuse ; il l'a placée sous la régie des lois de

1. Victor de Laprade.

l'attraction et de l'expansion. Par suite de l'affi-
nité des molécules, il se forma un noyau central,
germe du soleil, pivot de tout le système. La
masse pâteuse du futur soleil, augmentant de volume, dans ses tournoiements rapides et répétés,
s'aplatissait, laissant échapper des lambeaux, an-
neaux adhérents d'abord, puis séparés, qui devinrent les planètes, satellites du soleil, animées du
mouvement de concentration et de translation.
Celles-ci produisirent à leur tour des satellites,
comme la terre le fit pour la lune.

A la suite du mouvement vinrent la lumière,
la chaleur et la vie.

Après des luttes d'une durée incalculable, le feu
central fut emprisonné et demeura au moins relativement inoffensif. L'écorce terrestre se trouva
à peu près consolidée. Les eaux, après avoir déposé leur contingent de richesses, s'emmagasinè-
rent dans l'Océan. L'espace supérieur se purifia,
se dépouillant de ses parties solides, et acquit sa
limpidité, tandis que le soleil frappa directement
la terre. On vit apparaître lentement les continents avec leurs reliefs ou montagnes et leurs vallées, les mers, l'azur, les fleurs.

L'homme peut venir habiter ce séjour. Il y a
dans l'univers assez de lumière, assez d'étoiles,
de montagnes, de forêts, de lacs, de parfums pour
inspirer le poète et l'artiste. D'autre part, comme

si l'image des luttes formidables du globe s'était reflétée dans l'âme de l'homme, celui-ci aura à combattre contre tout ce qui l'entoure et contre lui-même : c'est la lutte pour l'existence, pour la vie physique et le pain de chaque jour, pour la vie intellectuelle et la possession de la vérité, pour la vie morale et la vertu, pour la vie religieuse enfin, le perfectionnement total de son être et la préparation à une vie meilleure.

HISTOIRE

DE

MARCHESEUIL

CHAPITRE PREMIER

DESCRIPTION

Topographie. — Géologie. — Orographie.

Ce chapitre est une mise en scène : on y indique géographiquement et administrativement le coin de terre dont on va parler ; on en étudie le sol et son passé géologique ; enfin on décrit son relief, sa montagne au point de vue des harmonies, des souvenirs.

Il n'y a en France qu'une commune du nom de Marcheseuil. On rencontre dans la même région de Bourgogne deux hameaux de noms semblables : Marcheseuil, commune de Change (Saône-et-Loire) et Marchizeuil, divisé en deux parties inégales, dont la plus importante appartient à la commune de Saint-André-le-Désert, et l'autre à la commune de

Pressy-sous-Dondin, même département, hameau qui a donné naissance à la famille de Marchizeuil, différente de la maison de Marcheseuil, dont il sera question dans cette histoire ; et une ferme, Marcheseuil, commune de Semezanges, (Côte-d'Or) [1]. Il y a aussi une seigneurie de Marcheseuil dans la paroisse de Saint-Germain-des-Champs (Yonne). Elle fut possédée par notre famille noble de Marcheseuil.

Depuis le moyen-âge jusqu'à nos jours, on trouve pour désigner le village de Marcheseuil, les formes suivantes : *Marcassolius*, ou *Marcassolium*, 858, 859, 921 [2] ; *Marchisiolus*, dans un acte de 1171 [3] ; Marchisoil, en 1200 ; *Marchesu*, dans un Cartulaire de l'église d'Autun, du XIIIe siècle [4] : *Marchesuil*, en 1290 [5] ; *Marcheseul*, jusqu'à la fin du siècle dernier ; enfin *Marcheseuil*, forme actuelle.

Marcheseuil vient régulièrement et suivant les règles de la phonétique de *Marcassolium*. Marcassolium est un hypocoristique ou diminutif de *Marcassomagum* ou *Marcassomagulum*, « le champ, la propriété du nommé *Marcassus* », comme Argenteuil, *Argentolium*, hypocoristique de *Argento-*

---

1. Les indications de Peincedé, Chambre des Comptes, archives de la Côte-d'Or, ont presque toujours trait au hameau et à la famille de Marchizeuil (Saône-et-Loire).

2. *Cartulaire de l'église d'Autun*, par M. de Charmasse. — *Gallia Christ.* T. IV. *Instrum. Eccles. Eduens.* ch. XIV.

3. Id.

4. Id.

5. *Terrier de Meloisey.*

magulum, « le champ d'*Argentos* », nom du propriétaire gaulois [1].

Le mot Marcheseuil, composé des deux éléments gaulois *Marcassos* et *magus*, dans la construction desquels le terme *magus* occupe la seconde place, accuse une époque antique, antérieure à la période proprement romaine, où apparaissent des noms latins, *curtis*, *vallis*, *campus*, *castellum*, etc.

Marcheseuil est une commune du canton de Liernais, de l'arrondissement de Beaune, du département de la Côte-d'Or. Elle appartenait, au moment de la Révolution, à la province de Bour-

---

1. *Marcassos* est un nom propre dérivé, au moyen du suffixe gaulois *sso* du nom propre *Marcos* ou *Marcus*, comme *Catalacus*, *Catalliacum* sont dérivés, au moyen du suffixe gaulois *acus* de *Catulus*, *Catullius*. Le premier terme *Marco* est-il le nom romain *Marcus* ou le nom gaulois *Marcos*? Il est impossible de trancher la question. Le nom gaulois *Marcos* signifie « cheval ». Il était employé comme nom propre. Beaucoup de noms d'animaux étaient appliqués aux gens par les Gaulois ; c'est un usage qui ne nous est d'ailleurs pas étranger : il y a des gens qui s'appellent Bélier, Mouton, Poulain, Bœuf, etc. Le mot latin *Marcus* est-il le même que le mot gaulois et signifiait-il primitivement « cheval »? c'est possible et même probable. *Marcassos* signifie peut-être « qui a un cheval ou des chevaux »; ce serait un nom analogue pour le sens à Philippe ou à Hippolyte. Il est possible aussi qu'il soit dérivé de *Marcos*, déjà nom propre, et signifie simplement « fils ou parent de *Marcos* ».

(Communiqué de M. Grammont, professeur de linguistique à la Faculté des Lettres de Dijon.)

Marca était, d'après Pausanias, le nom de cheval de guerre gaulois trois siècles avant J.-C. Ce mot se retrouve dans les idiomes néo-celtiques : en gallois, *march*, « cheval », d'où *marchog* = *marcacos*, « chevalier », « cavalier », et il a pénétré dans les langues germaniques.

(D'Arbois de Jubainville, *Revue Arch.* 1891, p. 193.)

gogne, au bailliage et à la subdélégation d'Autun, au district d'Arnay-le-Duc. Elle comprend les hameaux de Suze, les Bordes, La Rivière, Cherchilly, dont dépend le moulin au Prost.

Au point de vue religieux, Marcheseuil est une paroisse du doyenné de Liernais, de l'archiprêtré de Beaune, du diocèse de Dijon. Elle faisait partie anciennement du diocèse d'Autun, de l'archidiaconé d'Avallon, de l'archiprêtré de Saulieu, du patronage du chapitre d'Autun.

La population de Marcheseuil est de 601 habitants, d'après le recensement de 1896, y compris une centaine de personnes provenant de l'hospice de Paris, adultes ou en bas âge, qui forment depuis ce siècle une branche spéciale de l'industrie locale. Ce chiffre se répartit ainsi : Marcheseuil, 199 habitants; Suze, 190; Les Bordes, 104; La Rivière, 53 ; Cherchilly, 55.

La distance judiciaire de Marcheseuil est : au chef-lieu de canton, 11 kilomètres, à l'arrondissement, 47, au département, 69.

Cette commune appartint au bureau de poste de Liernais jusqu'en 1891. Elle se rattacha au bureau nouvellement formé à Manlay, à partir du 6 mai 1891. Elle est de la perception de Sussey. La direction des contributions directes et du cadastre est à Saulieu. L'administration des contributions indirectes, et celle de l'enregistrement, des domaines et du timbre est à Liernais, ainsi que le siège de la brigade de gendarmerie.

Cette localité est desservie par la station de Manlay, ligne de Cravant à Autun, ligne terminée en 1883.

Le chemin d'intérêt commun n° 16, de Thoisy-la-Berchère à Barnay, reliant l'Auxois à Autun, passe sur le territoire de Cherchilly et de Marcheseuil. Le chemin d'intérêt commun n° 28, classé en 1871, d'Arnay-le-Duc à Alligny (Nièvre), communication directe du Morvan avec Arnay, traverse Suze et Marcheseuil. Ces deux voies, exécutées il y a quelques années, sont solides et belles, à cause de l'emploi de matériaux granitiques; elles se croisent au-dessus de Marcheseuil.

Marcheseuil est à 47° 7′ 30″ de latitude, et à 2° 0′ 28″ de longitude du méridien de Paris.

La carte de l'Etat-Major porte, comme altitude au dessus du niveau de la mer, 555 m. au sommet de la montagne de Bar; 501 m. au bas de la croupe, du côté de Manlay; 412 m. entre Marcheseuil et Vianges; 408 m. entre Marcheseuil et Saint-Basile, commune de Manlay; 400 m. à Cherchilly; 377 m. à La Rivière.

La superficie du territoire de cette commune est de 1743 hectares, 64 ares, dont 962 h. de terres labourables, 384 h. de prés et pâtures, 322 h. de bois, 15 h. de jardins et chenevières, 60 h. 64 de friches, rivières, chemins, etc. Sur ces 322 hectares de bois, Marcheseuil, avec les hameaux de Suze, Les Bordes, La Rivière, possède 254 hectares, 48 ; le reste appartient au hameau de Cherchilly.

Le revenu foncier, d'après l'imposition, s'élève à 33.927 francs.

Marcheseuil produit des céréales de toute nature. La culture y est aussi prospère que dans les bons pays de l'Auxois. On y récolte le blé, le seigle, l'orge, l'avoine, le chanvre, les plantes potagères et fourragères. On y trouve un grand nombre d'*ouches*. L'*ouche*, *olca*, était dans le Morvan, un bassin, un grand étang, entouré d'arbres, recevant des ruisseaux, et se déversant par une rivière. Le desséchement fit ces terrains fertiles qui, dit-on, « ne se reposent jamais ».

A une époque plus ou moins reculée, on cultivait des vignes sur le territoire de Marcheseuil. Plusieurs hommes sont qualifiés vignerons au registre de la paroisse. Il y a un pré, dans la montagne de Bar, qu'on appelle encore la *Vigne au prêtre*. Le quartier situé au bas de Marcheseuil, vers le chemin des Bordes et de Cherchilly, s'appelait le *Champ de la vigne* ; il appartenait à la famille de Mauroy, qui en céda une partie à la famille Manlay, pour y construire les bâtiments actuels.

On peut s'expliquer l'existence de vignobles dans le pays autunois par ce fait que la lenteur et la difficulté des communications, l'isolement relatif de chaque manse obligeaient le colon à produire par lui-même toutes les choses nécessaires à son existence. Aussi, chaque manse était-il inégalement composé de prés, de terres arables, de vi-

gnes, de bois et de friches. La division de la
propriété en manses avait couvert l'Autunois d'une
quantité de petites vignes qui n'existent plus aujourd'hui [1]. — On pourrait ajouter que le clergé
fut obligé de cultiver la vigne pour se procurer le
vin nécessaire au sacrifice de la messe.

Les maisons de Marcheseuil étaient presque
toutes couvertes en paille, il y a un demi-siècle ;
aujourd'hui un très grand nombre sont couvertes
en ardoises ou en tuiles.

Sur le territoire de Marcheseuil, à côté d'excel-
lents quartiers, on trouve les bruyères et les genêts :
c'est l'Auxois avec une nuance du Morvan. Sa flore
est une flore mixte, dont on pourrait faire ressor-
tir la juxtaposition sur des terrains calcaires d'une
part, et sur des collines granitiques de l'autre.

Le langage populaire de Marcheseuil se rapproche assez du glossaire autunois, qui fait l'objet d'é-
tudes spéciales dans les réunions et les publications
de la société Eduenne [2]. Le dialecte du Morvan
ne diffère guère du dialecte bourguignon, dont il
peut être considéré comme une sous-division. Le
patois, disait M. Godefroy à la séance de la Société

---

1. *Cartulaire de l'église d'Autun*, par M. de Charmasse. Introduction, p. LXXIV et suiv. Le manse, petite parcelle de la
villa, était l'unité de culture. Son étendue variait suivant la
nature du terroir. Il comprenait en général ce qu'une famille
serve pouvait cultiver, et ce qui suffisait à nourrir cette famille, déduction faite de la redevance due au propriétaire.

2. Le *Glossaire du Morvan*, par M. de Chambure, s'applique
surtout au patois du Morvan (Nivernais).

Eduenne du 25 novembre 1887, c'est tout simplement la langue de nos pères, la langue de la patrie, *patrius, patriensis*. C'était le latin des colons gaulois, le latin des soldats disséminés par lambeaux dans la diversité des provinces et dans toute l'étendue de l'immense empire de Charlemagne. Nous donnons en note une légende en patois, relative à la bête du Gravet. Le Gravet, reproduit dans le nom de la Gravotière, source principale de la Suze, est un bois situé près des Granges de Censerey dans lequel se trouve le Four des Fées, caverne où habitait la terrible bête, dont on menace les enfants dans nos pays [1].

Il est très utile et très intéressant de parcourir le cadastre et d'étudier les noms des lieux-dits. Il peut y avoir là des dénominations celtiques. Il y a sûrement des noms de propriétaires, comme

---

1. « Jeannette Beuchot, c'étot enne feille qu'aivot in père que s'étot remairiet. Lai père petiotte pàtissot ben de sai belle-mére, que l'ai neurchot tot ai fai mau. In jeur, elle vòlai in chéti fromeige, et fut, pour celai ben ravatée. Vai-t-en de devez mouai, peute enfant! Cors vitement es champs nons vaiches dans le bòs de Bàne : y vouròt que lai bête du Grévet te méjeusse. Elle s'en ellé en rébolant. Ma, voiqui que le temps se feisé tot noir; les éléides et le taboulot faisaint lòs trains, et les vaiches revenérent totes soulles. On quorit sercher lai Jeannette de tos les côtés; ai lai fin des fins, on ai troué ses saibots que lai béte n'aivot pas pouvu aivolet. Les erpions de lai petiotte éteint restait dedans. Son calot étot aicroiché dessus in bòchon, et pu, le fi de son feusot étot envirotté àtor de lai seuche du gros chàgne. Lai maudition de lai belle-mére aivo don été écoutée. Elle fié dire des messes à préte, ma en étot pu temps. »

(Voir les *Mémoires de la Société d'hist. d'archéol. et de littér. de l'arrondissement de Beaune*, année 1876, p. 167.)

Champ-Bertin, Champ-Renaud, etc., etc. Beaucoup de ces désignations s'appliquent à la nature du terrain ou à son étendue. Enfin un grand nombre de ces quartiers portent l'empreinte de la féodalité, et rappellent d'anciens droits seigneuriaux [1].

---

1. C'est ainsi qu'on trouve à Marcheseuil les lieux dits suivants :

Auverneau, lieu à vernes, comme le Vernois ;

Moloise, prairie humide, féminin de *Molois,* même sens ;

Commelin, combèle, diminutif de combe, petite vallée ;

Chaumelle, caumel, champ moissonné ;

Rompées « sont terres nouvellement cultivées, esquelles n'y a apparence ou mémoire de culture faite autrefois. » (*Cout. du Nivernois.*)

Breuil, bois, forêt, buisson, parc à bêtes fauves ;

Aubue, désignation fréquente en Bourgogne, terre argileuse, humide et fraîche, sol gras et fertile. Le Morvan proprement dit n'a pas d'aubue ; aussi le terme n'existe-t-il que sur ses frontières. La forme du XIV⁰ siècle *albues* conduit à l'étymologie *albus,* parce que les terres ainsi nommées ont parfois un aspect blanchâtre. Géologiquement parlant, les aubues sont du limon argileux, jaunâtre, à peu près dépourvu de chaux, et dans lequel se trouve une grande quantité de grains de fer, de quartz et de feldspath, qui permettent de considérer ces alluvions comme provenant de la destruction superficielle de roches cristallines :

Rachon, arbuste rabougri, souche, du mot *racha* ;

Chinte, chaintre, cinte, s'applique à un grand nombre de pièces de terre à surface concave, affectant une sorte de courbure au centre, avec les bords plus ou moins relevés — ailleurs, premiers sillons qui ceignent la pièce en culture ;

Pièce meurt-faim, nom significatif ;

Les Crets, Crais, du latin vulgaire *cresto,* de *crista* « crête » ; colline. champ rempli de sable et de pierres siliceuses, de grès, de calcaire effrité ;

La planchotte, où il y a un petit pont en bois ;

Quassons, casson, caçon, quart d'un arpent de terre — motte de terre ;

Louère s'applique à des lieux bas où se réunissent quelques petites sources ou filets d'eau comme à Chorey, à Drée, etc. ;

1.

Le territoire de Marcheseuil est situé sur les confins de l'Auxois et du Morvan, c'est-à-dire à peu près à la jonction des dépôts sédimentaires et des terrains d'origine ignée. Grâce à cette position et aussi aux actions érosives qui ont été poussées jusqu'aux roches de cristallisation mises à nu sur de très larges surfaces, il est facile de saisir aux affleurements les détails successifs de la structure géologique de ce coin de terre. Ici, en effet, plus que partout ailleurs, le sol que l'on foule n'est qu'une immense ruine, où la végétation qui en égaie la surface ne parvient pas à masquer les désastres du passé. Ce ne sont, au plus bas de la vallée que coulées de porphyres émergeant des dépôts liasiques inférieurs au sein desquels elles sont comme noyées [1].

Molichard, maulissard, peut-être *mauvais issart,* mal défriché.

Varennnes, parc de chasse, garenne, du francique *Warōn,* garder.

Perna, semble venir de *pasnage, pernage,* droit de faire paître les porcs, redevance due au seigneur d'une forêt pour la glandée et la paisson des porcs ;

Corvée, champ cultivé par les corvéables ;

Colonges, fonds possédés par le colon ;

Gatée, Gastis, terrain abandonné dans la ville ou la campagne, du latin *vastatas.* — Ce qu'on paie pour le droit de faire pâturer son bétail dans les prés communaux ;

Pinaguet, de *pinage,* sorte de redevance, etc. (a)

1. Le territoire de la commune comprend 1743 hect., dont 851 environ reposent sur les calcaires du lias, calcaires à gryphées et à bélemnites, les marnes liasiques, et 852 environ reposent sur les granulites et les roches porphyriques, principalement dans les hameaux, sur les bords de la Suze.

(a) *Dictionnaire de la Langue française,* de Godefroy. — Du Cange — **Glos. du Morvan,** par M. de Chambure.

De tout le passé géologique, il ne reste rien que ces énormes épanchements de porphyres qui ont tout détruit sur leur passage, et dont les trois variétés sont largement représentées, savoir : *porphyre à mica noir*, microgranulite ou *porphyre quartzifère* et *porphyre à quartz globulaire*. Quant à la *porphyrite micacée* on ne la rencontre qu'au nord-ouest, aux environs de Liernais.

A la suite de ces éruptions dévastatrices, toutes manifestations vitales semblent avoir été longtemps interrompues, car aucun débris visible n'est resté des dépôts antérieurs à l'*ère secondaire*.

L'époque *liasique* débute donc ici sans intermédiaire, mais non pas sans que ses produits aient été ravagés depuis et en très grande partie emportés. Seule, à l'ouest de Marcheseuil, et sur son territoire, la montagne de Bar-le-Régulier, avec les cinq étages du *Lias* au complet et un couronnement de *calcaire à entroques* par dessus, domine la contrée. Elle a pour pendant, dans le lointain, à 8 ou 9 kilomètres au nord, le plateau, si bizarrement découpé, qui se poursuit de Sussey à Allerey et n'est lui-même qu'un témoin resté debout des mêmes assises, à l'altitude de 524 à 529 mètres. Ces dépôts, dont nous allons essayer de donner une idée, constituent à peu près toute la géologie stratigraphique du pays.

Le *Rhétien*, dérivé des Alpes Rhétiques (Bavière), ne présente que des dépôts souvent fort réduits, et qui ne paraissent pas dépasser ici l'épaisseur de 4 à 5 mètres.

Les assises en sont généralement gréseuses et de couleur roussâtre, comme les roches cristallines sur lesquelles elles reposent, et aux dépens desquelles elles se sont formées. Le grain est assez grossier vers la base, puis plus fin, avec une tendance marquée à la fissilité vers la partie supérieure, où ces grès sont remplacés par des plaquettes d'un calcaire grisâtre et très siliceux.

L'*Hettangien*, dérivé de Hettanges, près Metz, (Lorraine), succède au Rhétien sans trouble ni discordance dans la stratification. Ses assises sont lumachelliques à la base et marno-calcaires au sommet. Contrairement à ce que l'on a vu à l'étage précédent, les dépôts hettangiens n'ont rien emprunté directement des éléments qui les constituent aux roches d'origine ignée. Ce sont partout des produits argilo-calcaires, riches en débris organiques et sans traces de grain quartzeux ou feldspathique. Ce fait n'est particulier ni à Marcheseuil ni à l'étage hettangien. Il semble général, et s'applique également aux divers produits sédimentaires répandus un peu partout dans la région, depuis l'âge hettangien jusques et y compris l'étage *bathonien*. A lui seul, il semblerait prouver que dès les débuts de la série *liasique* le Morvan a été immergé en entier et qu'il a reçu, les uns après les autres, les dépôts de ces divers âges.

L'étage *hettangien*, dont la structure pétrographique vient d'être sommairement indiquée, est, chez nous, peu développé, atrophié même, puisqu'il n'a pas plus de quatre à cinq mètres d'épaisseur. Il se reconnaît aux *ammonites planorbis* et *tortilis*, et aux *ammonites angulatus* et *laqueus*, ainsi qu'aux *gastéropodes*.

Le *Sinemurien*, de *Sinemurum*, Semur (Côte-d'Or), se caractérise par des dépôts de calcaires marneux d'un gris foncé, bleuâtre, en bancs irréguliers à surface inégale et tuberculeuse, séparés entre eux par de petits lits marneux bruns ou noirâtres. L'ensemble est d'une épaisseur moyenne de huit à dix mètres, que l'on divise ordinairement en trois groupes, bien qu'ils n'aient rien de tranché ni comme composition minéralogique, ni au point de vue de la faune.

On y trouve l'*Ammonites scipionianus*, l'*ammonites bisulcatus*, l'*Ammonites oxynotus*, etc., et surtout la *gryphée arquée*, huître de taille moyenne, à grande valve très recourbée, ainsi que la *gryphée oblique*, dans la partie supérieure.

La dernière assise de la zone à *gryphée oblique* est souvent usée, corrodée et trouée par les pholades et autres mollusques perforants, ce qui indique qu'un mouvement du sol sous-marin l'a amenée au niveau du balancement des vagues et sans doute émergée par places, ainsi qu'en témoignent divers échantillons de fougères, recueillis dans le temps aux environs de Pouilly-en-Auxois. Cette assise supérieure est bien visible aux abords de Marcheseuil, et toute la partie est du village repose dessus, tandis que le côté ouest est bâti sur les calcaires à bélemnites du *Lias moyen.*

Le *Liasien* ou Lias moyen, dérive du mot anglais *lias*, argile, constitue la base et la partie moyenne de la montagne de Bar-le-Régulier. Cet étage se divise minéralogiquement en trois groupes bien tranchés : les marnes et calcaires à bélemnites du bas, les marnes micacées sans fossiles apparents du milieu et les calcaires marneux à *ostrea gigantea* du sommet.

Les marnes argileuses à bélemnites avec bancs de calcaires hydrauliques subordonnés, n'ont guère que 10 mètres de puissance. Elles contrastent autant par le caractère minéralogique que par la faune avec les produits de l'étage précédent, dont elles ont été séparées par un temps d'arrêt bien marqué dans la sédimentation.

D'un bleu généralement foncé et souvent feuilletées, ces marnes alternent avec des calcaires argileux de même teinte, en bancs peu épais et bien lités, à pâte fine et riches en fossiles. Contrairement à ce que l'on a vu dans le *sinémurien,* où la plupart des ammonites sont de grande taille et parfois gigantesques, celles du bas moyen sont presque toujours petites et souvent naines.

Les espèces particulières à ce niveau sont : les *ammonites brevi spina,* etc., les *ammonites venarensis,* etc., et les *ammonites Davœi,* etc.

Parmi tous ces fossiles, le genre dominant et répandu à la fois dans toute l'épaisseur des trois zones précédentes est le genre bélemnite. Il y est représenté par neuf ou dix espèces au moins.

C'est au milieu de la vie intense que supposent de telles quantités de résidus osseux que sont venus se faire jour les filons quartzeux de la période secondaire. On peut en voir en nombre de points de l'Avallonnais, de l'Auxois et du Morvan, où ils ont traversé les étages sous-jacents, en les imprégnant de fer hydroxidé ou de silice, et en les mouchetant de cristaux de barytine, de galène, de fluorine et d'azurite. Des traces visibles de ce métamorphisme se montrent notamment à l'ouest de Bar-le-Régulier, où des calcaires sinémuriens ont été silicifiés sur une certaine étendue.

On devine sans peine l'immense désastre apporté dans la contrée par ces éruptions sous-marines. La destruction des êtres vivants a dû être complète au sein des eaux ainsi surchauffées et saturées à l'excès de sels minéraux de diverses sortes. Toute trace de vie a subitement disparu dans un certain périmètre, et, tant que s'est continuée l'action éruptive, même réduite aux émissions gazeuses, les habitants marins des régions voisines se sont abstenus de pénétrer dans ce milieu meurtrier, en sorte que le vide a été très longtemps à s'y combler.

Ces marnes, épaisses chez nous de 60 à 70 mètres, sont feuilletées, micacées et sans fossiles, si l'on en excepte quelques foraminifères microscopiques, apportés du large et enfouis dans ces dépôts. Ce n'est qu'après un temps assez long pour avoir permis l'accumulation de sédiments stériles aussi puissants, et quand les eaux eurent perdu leur toxicité, que les populations marines de l'époque se décidèrent à en reprendre possession.

Au sommet de ces dépôts sans fossiles, c'est-à-dire à un peu moins des deux tiers de la hauteur de la montagne de Bar-le-Régulier, on rencontre un ressaut dans la pente jusque-là uniforme de la côte. Ce cordon en saillie, bien accusé partout dans le profil de la montagne, est formé par une série d'assises calcaires et marneuses dont l'ensemble peut avoir 12 à 15 mètres d'épaisseur. Le calcaire de couleur bleuâtre, devient d'un gris roussâtre par décomposition; et la structure comme le grain en sont grossiers.

Ces assises sont le gîte habituel de la *gryphée géante*, appelée aussi *gryphea cymbium*, parce qu'elle a la forme d'une petite barque. Elle y est accompagnée d'un certain nombre d'espèces nouvelles, telles que *belemnites bruguerianus, ammonites margaritatus* et *fimbriatus* des calcaires à ciment, qui réapparaissent à ce niveau supérieur.

Toarcien, dérivé de *Toarcium*, Thouars (Deux-Sèvres). Une modification importante dans la nature des sédiments se produit au-dessus des assises à *gryphés géantes* du *Liasien*. Les marnes passent aux schistes bitumineux d'où surgit sans transition une partie de la faune *toarcienne*. Divers petits bancs d'un calcaire argileux, de couleur bleue foncée, alterne ensuite avec ces schistes qui passent plus haut à des marnes feuilletées, et l'étage se termine par des alternances de marnes entremêlées de petits lits calcaires.

L'épaisseur de l'ensemble ne dépasse pas 25 à 30 mètres, et comprend toute la croupe arrondie de la montagne que domine le couronnement rocheux de l'âge *bajocien*. La faune répandue dans les dépôts toarciens est caractérisée par les *ammonites serpentinus*, etc., par les *ammonites bifrons*, etc., par les marnes à *turbo subduplicatus*, etc., par les assises à *ammonites insignis*, etc., au sommet.

Les bélemnites sont nombreuses à cet âge mais non caractéristiques de telle ou telle zone, le *belemnites acuarius* traversant l'étage tout entier et le *belemnites tripartitus*, les 2e et 3e zones seulement.

Le *Bajocien* ou *calcaire à entroques*, dérivé de *Bajoce*, Bayeux (Calvados), n'étant représenté à la montagne de Bar que par un témoin fort réduit, nous irons en chercher l'ensemble au plateau de Sussey et d'Allerey, que l'on voit de Marcheseuil, dans la direction du nord, et où l'étage se trouve au complet sur une assez vaste étendue.

A l'ouest d'Allerey, les marnes sans fossiles du *Liasien* apparaissent à la côte de 401 m. et l'on peut, de là, gagner le sommet de la montagne, et reconnaître, en montant, les diverses assises *liasiennes* et *toarciennes*, à partir de la zone à *gryphée géante* qui s'annonce, comme toujours, par un cordon saillant dans le profil de la côte.

Les marnes *toarciennes* sont recouvertes, au sommet, par deux ou trois minces feuillets gréseux et micacés, qui les séparent des calcaires *bajociens* inférieurs. Ces plaques de grès, bien visibles en plusieurs endroits, représentent ici la zone à *cancellophycus scoparius*, sorte d'algue dont les rameaux onduleux et filiformes encombraient les mers de l'époque, comme le font de nos jours les immenses prairies aquatiles de la mer des Sargasses, aux Antilles. Cette zone n'a rien de transitoire, pas plus ici que dans le reste de la Côte-d'Or ; c'est un milieu spécial, tranchant autant avec ce qui le précède qu'avec ce qui le suit. Au point de vue minéralogique, le contraste avec le *Bajocien* est même plus saillant encore.

Jusque-là, dans la contrée, l'élément calcaire s'était montré relativement rare, et on ne l'avait guère vu que subordonné à l'argile, combiné avec elle ou fixé dans les organismes. Dans le *Bajocien*, au contraire, comme par la suite, il est devenu la matière essentiellement dominante. La substitution brusque, en apparence, cache certainement une lacune et un temps d'arrêt marqué dans la sédimentation. Des productions coralligènes avaient pris pied au loin, favorisées sans doute par des émissions calcaires. Les flots, jusque-là en contact avec les produits vaseux, avaient fini par apporter du large l'élément calcaire dont se sont formées les assises *bajociennes* inférieures. Le milieu ainsi purifié, et rendu accessible aux espèces qui fréquentent les attols a vu s'y développer les oursins et crinoïdes en grand nombre, puis les coralliaires. Enfin l'étage s'est complété par des assises de formation plus lente en bancs minces et bien réglés. Cet ensemble de dépôts atteint une trentaine de mètres d'épaisseur et se divise au point de vue paléontologique en quatre zones, savoir : zone à *ammonites murchisonæ*, etc., *cidaris cucumifera* et autres oursins avec nombreux crinoïdes désarticulés, parmi lesquels l'*extracrinus babeanus* est tellement abondant qu'il donne parfois au calcaire qui le contient l'aspect spathique et miroitant qui lui a valu le nom de calcaire à entroque [1], zone à polypiers se rapportant principalement aux genres *cladophilie*, etc. : zone à gervillies, etc.

Telle est la constitution de la masse rocheuse dont s'est formé le plateau qui s'étend de Sussey à Allerey, et comme elle est la même, pour la partie qui en reste à la montagne de Bar-le-Régulier, on est bien obligé d'en conclure que ces deux témoins *bajociens*, aussi bien que les assises *liasiques* qui leur servent de base, ont originairement fait partie d'un même massif couvrant toute la con-

---

1. Le calcaire à entroques est tout formé, ordinairement, de minuscules osselets, ayant appartenu à la tige ou aux bras d'encrines, lis ou étoiles de mer, qui vivaient fixés au sol par une longue tige articulée. Les encrines tapissaient le fond de la mer d'une prairie animale.

...*quosque altum texerat æquor*
Existunt montes. (Ovide.)

trée, puisque les mêmes témoins se montrent un peu partout, au nord, à l'est et au sud-est. Voilà donc qui prouve bien que, de ce côté du Morvan, l'action érosive s'est exercée sur une épaisseur d'au moins 175 mètres, puisque l'altitude de la montagne de Bar est de 555 m. et que celle du fond de la vallée s'abaisse à 377 m. au bas de Marcheseuil, à La Rivière.

Rupture avec dénivellation du sol. — Érosions et remblais. — Cette action érosive, si importante qu'elle paraisse, n'est rien pourtant à côté du cube immense réellement emporté sur ce point par les dénudations. Un simple coup d'œil jeté sur la carte géologique de la Côte-d'Or suffit pour s'en convaincre. On y voit, en effet, qu'à la grande faille de Larochepot, les calcaires moyens du *bathonien* ont été portés à 563 m. d'altitude aux Chaumes d'Auvenay, sur la lèvre occidentale, tandis que le *corallien* supérieur a été descendu en face, sur la lèvre orientale, à 488 m., à Larochepot.

Que signifie cet état de choses ? Il prouve d'une manière évidente qu'avant la dénivellation, le *corallien* existait aussi bien à l'occident qu'à l'orient de la ligne actuelle de rupture, et que le massif ainsi renforcé devait couvrir toute la contrée, au moins dans la partie comprise entre Bar, Allerey et Marcilly-Ogny ; car jusque-là les étages *liasiques*, comme le *Bajocien*, présentent un développement absolument normal, le *Liasien* ayant au moins

85 m. de puissance, le *Toarcien*, 25 m., et le *Bajocien*, 30 m. Tout porte donc à croire qu'il en a été de même des étages *bathonien, oxfordien* et *corallien* des environs, en sorte que si sur le sommet de la montagne de Bar qui est à l'altitude de . . . . 555 m.

nous rapportons par la pensée les trois étages disparus, avec l'épaisseur qu'ils ont conservée à Larochepot, et qui est à peu près normale aussi, nous aurons :

Bathonien . . . . 100 m.
Oxfordien . . . . 90 m.
Corallien . . . . 110 m.

Ce qui porte l'ensemble à l'altitude de   855 m.

Ce n'est donc plus seulement sur une épaisseur de 150 m. que se serait exercée l'action érosive, mais bien sur celle de 480 m., en sorte que dans ces conditions, le massif liaso-jurassique aurait pénétré dans le Morvan jusqu'aux parties atteignant l'altitude de 855 m. au moins.

D'un autre côté, si l'on se rappelle que, sauf quelque temps d'arrêt, un affaissement lent et continu a persisté dans la région pendant toute la durée des dépôts *jurassiques* et *crétacés,* dont les étages sont régulièrement disposés les uns sur les autres, on peut considérer à peu près comme certain qu'ils ont existé tous sur les hauteurs les plus élevées du Morvan. Ce qui semble justifier cette manière de voir, ce sont les nombreux débris calcaires et autres signalés de divers côté sur les hauteurs de ce prolongement du *plateau central*, et au nombre desquels figurent *des silex* avec *fossiles de la craie*, empâtés dans des fragments de basalte, recueillis au hameau de Drevin, commune de Saint-Pierre-de-Varenne (Saône-et-Loire).

On en a tiré la conséquence, admise aujourd'hui que le soulèvement de la Côte-d'Or, donné jusquelà comme ayant eu lieu à la fin de la période jurassique, était beaucoup plus récent, et n'avait guère pu se produire qu'à l'âge *sénonien*.

C'est certainement à ce soulèvement qu'il faut attribuer la fermeture du *détroit séquanien*, car c'est à cette époque que les eaux marines se sont définitivement retirées de la Côte-d'Or.

Dès que la contrée fut sortie du sein des eaux, le travail de démolition commença. Il fut d'abord d'autant plus actif qu'il s'exerça sur des surfaces vaseuses et sans soutien, auxquelles les actions électro-chimiques n'avaient pas encore donné la cohésion qu'acquièrent avec le temps les couches profondes. Ces surfaces, d'ailleurs, violemment soulevées et fissurées en tous sens, avaient atteint au centre du Morvan une altitude de 100 m. au moins supérieure à celle d'aujourd'hui, tandis que la lèvre affaissée de la grande faille de la Côte-d'Or qui porte la plaine de la Saône, était descendue à plus de 160 m.

Ajoutons qu'à l'âge *Danien*, où nous sommes arrivés, le climat est chaud et en tout comparable à celui des régions intertropicales, où l'année se divise en deux parts : celle des chaleurs torrides et celle des pluies torrentielles. Après cela, l'on se fera aisément une idée de l'impétuosité, durant la saison hivernale, des torrents descendant des hauteurs du Morvan pour gagner une plaine aussi profondément dénivelée et des dévastations qu'ils doivent opérer sur leur passage. Les crevasses qu'ils rencontrent, et dont ils suivent la direction, sont élargies, affouillées avec une énergie sans égale, et les matériaux arrachés à leurs rives abruptes sont violemment entraînés sur les pentes rapides et vont au loin remblayer la vallée[1].

---

1. Aux âges *tertiaires,* l'action érosive se poursuit active et puissante, car les divers dépôts de cette période sont entièrement formés des débris du jurassique supérieur. Cela est tangible et palpable surtout à l'époque *oligocène,* dont les dépôts, formés de graviers, de cailloux et parfois de blocs noyés dans les argiles ocreuses, ont été presque entièrement empruntés au *Portlandien* et au *Corallien.* L'aspect minéralogique des cailloux et des blocs, aussi bien que les débris organiques qu'ils contiennent, en fournissent des preuves irrécusables.

La puissance des apports de terrain jurassique reçus par la plaine de la Saône, qui est de plus de 260 mètres, est largement proportionnée à celle des érosions qui en ont fourni les éléments, surtout si l'on tient compte des parties meubles délayées et dispersées au loin par les eaux, ainsi que des graviers charriés dans d'autres directions par les affluents de la Loire et de la Seine.

A l'âge *Callovien,* une oscillation du sol amène l'émersion partielle et temporaire de la Côte-d'Or, où manquent les assises inférieures de l'étage.

L'*Oxfordien,* infiniment mieux développé, a été troublé pourtant à ses débuts par des épanchements de fer oolithique, qui ont recouvert de vastes étendues. Ces dépôts oxfordiens sont très riches en mollusques de toutes sortes, en spongiaires, en poissons et en grands reptiles.

La montagne de Bar, malgré son appellation, est située en très grande partie sur le territoire de Marcheseuil, notamment le plateau qui la domine.

Le *Corallien* est principalement composé de dépôts coralligènes, riches en polypiers, en crinoïdes, etc. Jusque-là, les animaux à sang chaud ont été aussi rares dans la période secondaire que ceux à transpiration aérienne l'avaient été à l'ère primaire. Mais il va en apparaître un certain nombre de nouveaux, comme l'*archeopteris*, doyen de la gent ailée.

Dans l'âge *Kiméridien*, l'instabilité des fonds sous-marins redouble dans la Côte-d'Or, et les mouvements d'oscillation se rapprochent, faisant prévoir une émersion nouvelle.

Le *Portlandien*, qui termine la série jurassique n'est pas ici au complet; la région était émergée.

A l'époque de la *craie*, les conditions atmosphériques semblent s'être améliorées encore et le milieu devient plus favorable aux exigences des animaux à sang chaud. C'est le type oiseau qui revient.

Dans le *Néocomien* apparaît l'ordre des échassiers avec celui des palmipèdes. L'émersion persiste dans la Côte-d'Or, sauf à Pontarlier-sur-Saône, où existe un petit îlot de ce terrain.

L'âge *Aptien* n'existe pas chez nous.

L'*Albien* y est représenté par des argiles briolées et des sables quartzeux qui sont le gîte habituel de petits mollusques pyriteux.

Puis viennent les calcaires marneux *cénomaniens* du canton de Mirebeau et les calcaires blancs des environs de Talmay.

Ni le *Sénonien* ni le *Danien* ne sont représentés dans le département.

Avec le *Tertiaire* surgit définitivement la grande classe des mammifères, dont les précurseurs, appartenant à l'ordre des marsupiaux datent de l'âge rhétien et des âges bathonien et portlandien.

Aux âges *Suessonnien* et *Parisien*, on voit les oiseaux *protornis*, puis l'*halciornis*, le grand aigle, le buzard, la perdrix, le héron, etc.

Aucun des animaux tertiaires précités n'a encore été trouvé dans la Côte-d'Or, mais à la base des dépôts *miocènes*, dans les assises d'un calcaire lacustre concrétionné semblant dépendre de l'étage *Tongrien*, on a recueilli à Brognon, de nom-

Ce monticule revêt une forme presque ovale. Avec un peu d'imagination, on dirait un grand vaisseau au repos, tandis que les collines irrégulières du

breuses empreintes et plantes appartenant à diverses espèces de fougères arborescentes, palmier éventail, chêne vert, tamarin, figuier, arbre de Judée, érable, houx, jujubier, etc, indiquant un climat notablement plus chaud que le nôtre.

A partir de l'époque *pliocène*, une foule de grands mammifères habitent notre département, où leurs restes ne sont pas rares. Ce sont principalement les Mastodontes, *mastodon borsoni* et *mastodon arvernensis*, les éléphants, *elephas meridionalis*, le rhinocéros, le cheval, etc.

La température est alors déjà sensiblement refroidie et très humide, en raison du dernier soulèvement des Alpes survenu à la fin de l'époque *miocène*. Ces gigantesques condenseurs montagneux n'ont pas tardé, en effet, à provoquer d'abondantes précipitations météoriques dont la fréquence, combinée à l'accumulation progressive des neiges sur les hauts plateaux, devait, à la longue, puissamment modifier le climat. Essentiellement humide, il fut d'abord très favorable au développement de la végétation, et le pays se couvrit de gras pâturages et de productions forestières abondantes, qui ne pouvaient manquer d'y attirer les proboscidiens précités et autres espèces contemporaines.

Cet état de choses se maintient jusqu'à l'ouverture de la *période quaternaire*, époque à laquelle la faune, évoluant toujours vers le mieux, comptait ici, au nombre de ses principaux représentants, le mammouth, *Elephas primigenius*, les hippopotames, rhinocéros, grand ours des cavernes, cerf à bois gigantesques, *megaceros hibernicus*, — cerf élaphe, chevreuil, renne, hyène, loup, plusieurs grands félins, l'auroch, le bœuf, le cheval, etc.

Puis le froid s'accentua par suite de l'extension des glaciers et il arriva un moment où le niveau des neiges perpétuelles fut tellement descendu que la rigueur des saisons et, par suite, la rareté de la végétation, obligea les espèces plus exigeantes à émigrer vers le sud, tandis que d'autres s'acclimatèrent tellement au froid qu'elles se virent forcées de gagner le nord quand arriva la fin de la période glaciaire.

C'est dans ce milieu redoutable comme entourage et comme climat, que l'homme, le dernier venu sur la terre, a eu, dès le principe, à lutter pour la vie. Il y a pleinement réussi,

Morvan ressemblent aux ondulations de la mer. On pourrait aussi la comparer à une reine recevant les hommages de ses sujets, les monts et les coteaux voisins qui l'enveloppent sans l'égaler. Le regard plonge dans toutes les directions, jusqu'à des horizons très éloignés.

Au midi, c'est la ville d'Autun, sœur et émule de Rome, avec la flèche blanche et dentelée de sa cathédrale gothique, couronnée par le massif de Montjeu. Plus à l'est, on aperçoit la montagne des Trois-Croix de Santenay. Par dessus le rideau épais de la forêt de Buan, la ville d'Arnay-le-Duc émerge avec son dôme à la croix dorée et son château monumental, où le bruit de l'industrie a remplacé le cliquetis des armes. Au nord-est se dessine l'antique manoir de Philippe Pot, sur la hauteur de Châteauneuf, naguère illustrée par une action militaire. Puis, une échancrure indique Sombernon. Au nord c'est le château historique de Thoisy-la-Berchère. Plus loin, la montagne de Thil étale fièrement ses ruines imposantes. Au nord-ouest, se découvre, à l'horizon, Saulieu, avec la coupole de sa basilique, imitant la couronne de Charlemagne. A l'ouest, des ondulations de ter-

---

grâce à son intelligence; mais, cruelle ironie, depuis qu'il existe, son ennemi le plus implacable, il l'a toujours rencontré dans sa propre race et trop souvent en lui-même (a).

(a) Nous devons cette notice géologique à la bienveillance de M. Martin, membre de l'Académie des sciences, etc, de Dijon. Certains lecteurs trouveront cet exposé un peu long ; mais tout se tient dans les feuillets du livre merveilleux de la géologie.

rains, à moitié boisés, abritent de nombreux villages dans leurs replis. Enfin, le mont Beuvray ferme le cercle, avec son plateau riche de souvenirs et des débris de l'époque celtique.

Au sommet de la montagne de Bar, dit l'abbé Baudiau, le spectateur respire avec délices un air aussi pur que bienfaisant, tandis que son œil se promène avec ravissement sur des villes, des villages et des hameaux sans nombre, et ne s'arrête que, lorsque fatigué, il se noie dans un horizon vaporeux, et n'aperçoit plus que l'air et les montagnes confondus.

Ce mont est flanqué de quatre villages qui lui servent comme de contreforts. Au midi, Manlay avec sa tour ducale, qui forme le clocher actuel. A l'est, Marcheseuil, qui étale à ses pieds ses quatre hameaux, comme une mère ses enfants. Au nord, Vianges, avec son château fort, qui appartient à la famille de Mac-Mahon. A l'ouest enfin, Bar-le-Régulier, avec son église priorale de Saint-Jean, véritable joyau de l'architecture byzantine, indiquée par une charmante tour octogone couronnée d'une coupole.

Nous avons tous ressenti un charme inexprimable à passer quelques instants au sommet d'une montagne. Il semble qu'il y ait une mystérieuse attraction pour l'âme à vivre sur les hauteurs. Ah ! c'est que tout esprit a besoin de solitude, au moins quelquefois, et la montagne offre cet asile délicieux où l'âme, lasse des hommes et des choses, des vulgarités et du terre-à-terre, se retrempe au contact d'éléments supérieurs. Il y a en chacun de nous, à des degrés divers, le sentiment de l'infini, le besoin du divin, et c'est dans la solitude qu'on recueille quelque notion, toujours trop incomplète, de cette science de l'infini, qu'on boit quelque gouttes de ce nectar enivrant qui s'appelle le sentiment du divin. Voyons le Fils de Dieu, revêtu de notre nature mortelle : il possède, au suprême degré, ce besoin de l'infini, du divin. Aussi se retire-t-il souvent sur la montagne, et parmi les mystères qui forment la trame de sa vie, les plus grands, les plus divins s'accomplissent sur les montagnes: c'est le Thabor, le Calvaire, le mont de Oliviers. Dans la solitude, dit saint Bernard, l'air est plus pur, le ciel plus ouvert, Dieu plus proche. La solitude étend notre instinct divin, en nous donnant des perspectives où les beautés naturelles et morales se présentent avec tous les attraits du sentiment.

> Oui, c'est un de ces lieux où notre cœur sent vivre
> Quelque chose des cieux qui flotte et qui l'enivre;
> Un de ces lieux qu'enfant j'aimais et je rêvais,
> Dont la beauté sereine, inépuisable, intime,
> Verse à l'âme un oubli, sérieux et sublime,
> De tout ce que la terre et l'homme ont de mauvais [1] !

Nous ajouterons qu'un plaisir nouveau, un charme plus grand encore envahit notre esprit lorsqu'une montagne offre des ruines à nos méditations, sur-

---

1. Victor Hugo, *Feuilles d'automne.*

tout des ruines occasionnées par le temps ; car alors, ces débris, ces souvenirs nous plaisent en nous jetant dans l'infini, en nous portant à plusieurs siècles en arrière ; ils nous intéressent à proportion de leur antiquité. En outre cet intérêt augmente quand il s'y joint quelque sentiment moral.

Or nous avons la bonne fortune de rencontrer sur la montagne de Bar tous ces éléments d'intérêt et d'émotion. Toutes les époques de l'histoire y ont laissé leur empreinte : l'époque celtique, l'époque gallo-romaine, le moyen-âge, les temps modernes.

On y trouve un camp gaulois, le souvenir des Fées. Le moyen âge, ce temps si chrétien, nous avait donné la chapelle de la Sainte-Trinité, bâtie sur le plateau de la montagne en 1607, par le frère Agnès de Marcheseuil, religieux de Bar. Au commencement de ce siècle, un signal fut établi sur le mont de Bar, pour des travaux de triangulation, concernant la formation du cadastre. C'était une petite tour qui tomba en ruines après les opérations.

La montagne de Bar, on le voit, présente plus d'un attrait à ceux qui s'intéressent aux beaux spectacles, aux grands souvenirs, et tous, voyageurs, savants, philosophes, esprits rêveurs, éprouveront quelque plaisir à passer des heures trop courtes sur ce sommet incomparable, plein de poésie, d'histoire et de religieuse impression.

Le touriste qui évoque ces souvenirs est bientôt rappelé à la réalité des temps présents par le cri de la machine à vapeur, qui emporte le monde d'aujourd'hui, trop pressé pour interroger le passé. Du bruit, de la fumée, puis le silence, et plus rien !... *Sic transit gloria mundi.*

Le haut Morvan est le point de partage des eaux. Le département de la Côte-d'Or offre cette particularité qu'il se rattache à trois bassins : Bassins du Rhône, de la Seine et de la Loire. Le plateau de Meilly est le nœud des trois bassins, au sommet des affluents de l'Ouche, de l'Arroux et de l'Yonne.

Nous venons d'apercevoir, au moins de loin, un petit coin du tableau du Morvan, une avant-scène de ce pittoresque pays. Le Morvan, dit Joanne, dont le nom vient sans doute des deux mots celtiques *mor*, noires, et *rand*, montagnes, est l'une des contrées de la France les plus intéressantes à visiter. La nature, en effet, semble s'être complue à y réunir, à l'exception des lacs et des glaciers — et encore y trouve-t-on de nombreux et vastes étangs, tout ce que peut désirer un voyageur pédestre : forêts immenses, fraîches et grandes prairies, eaux abondantes et pures, cascades écumantes, roches primitives, sommets élevés, solitudes profondes, accidents de terrain d'une variété infinie.

Le Morvan offre des points qui atteignent 800 et même 900 mètres[1]. Cette altitude considérable fait de la partie qui est située entre Château-Chi-

---

[1]. C'est dans cette partie de la Côte-d'Or que se trouve le point culminant du département, le *Gros-Moux*, près de Menessaire, qui atteint 721 m.

non et Autun, un véritable pays de montagnes, qu'on s'étonne de voir si inconnu en France, quoiqu'il soit le massif montagneux le plus voisin de Paris, et l'accident orographique le plus remarquable du bassin.

Qu'on veuille bien nous permettre, en terminant ce chapitre d'emprunter le langage des Muses pour saluer la montagne de Bar qui a bercé et égayé notre jeune âge.

> Salut, vieux mont de Bar, à la coupe arrondie !
> Salut, du noir Morvan sentinelle hardie !
> Impassible témoin des temps qui ne sont plus,
> Tu les vis s'agiter, les peuples disparus.
> Les Celtes, les Romains, montagne harmonieuse,
> Tour à tour couronnaient ta tête glorieuse.
> Etale avec orgueil ta Fontaine des Fées,
> Le camp qui vit de Rome étendards et trophées.
> Une ruine ailleurs à nos esprits rappelle
> D'Agnès de Marcheseuil la pieuse chapelle.
> Adieu, vieux mont, adieu ! j'aime ton souvenir,
> Comme aux jours de l'enfance, accueille mon soupir [1].

Nous formulons un vœu : c'est qu'on érige sur ce sommet un symbole religieux, comme on l'a fait au Beuvray, à Santenay, etc. Ce serait une sanctification du passé, un hommage rendu au vrai Dieu et une source de bénédiction pour la contrée.

---

1. Les gens de nos pays disent que la montagne de Bar, indique un pas de Gargantua, probablement l'Hercule gaulois, alors qu'il secoua sa forte chaussure ; le pas suivant serait Sussey.

CHAPITRE II

Temps préhistoriques. — Caractère gaulois. — Description du camp de la montagne. — Religion : les Druides, les Fées.

Nous avons essayé, dans le chapitre précédent, de décrire le sol d'un point du territoire de ce pays français dont on a dit que c'est le plus beau royaume après le royaume des cieux.

Il est temps de mettre en scène ses habitants, nos aïeux, qui ont foulé ce même sol. Hélas ! combien notre tâche est difficile ! Lorsqu'un peuple a des annales, il n'y a qu'à les ouvrir ; lorsque les traits saillants de sa vie sont gravés sur l'airain ou la pierre, il n'y a qu'à chercher la clef de ce langage muet et à le mettre à la portée de ses contemporains. Mais lorsqu'on remonte aux temps antiques, on ne rencontre que certains rayons illuminant la sombre nuit.

Le voyageur, placé sur le sommet d'un continent ou sur une plage élevée, distingue une certaine étendue de territoire parsemé de villes et de campagnes, ou bien une série plus ou moins large de flots entassés. Mais, à l'extrémité de sa vue, c'est l'horizon et l'inconnu. Il en est de même de l'historien. Il peut étudier les peuples les plus rapprochés. A une certaine distance, sa vue est plus ou moins en défaut. Les âges qui ont vu se dérouler les secrets du passé lointain sont appelés temps préhistoriques.

Des peuplades inconnues ont vécu sur notre sol avant l'établissement des Celtes ou Gaulois. On considère en effet aujourd'hui les monuments mégalitiques : grandes pierres, cromlechs, dolmens, menhirs, peulvans, comme des vestiges d'une civilisation grossière, probablement fort ancienne, et qui a précédé de longs siècles les âges historiques. Ces monuments ne se rattachent pas au culte des druides, mais à des mystères incomparablement plus anciens et absolument inconnus.

L'histoire des Gaulois, plus rapprochée, nous a laissé plus de monuments. On pourrait appeler les Français des Gaulois civilisés par les Romains et moralisés par la religion.

Le sang des vieux Gaulois coule encor dans nos veines,

comme dit le poète armoricain. Nous avons à peu près toutes leurs qualités, bonnes ou mauvaises, parce que nous avons leur sang, leur physique, leur tempérament. Puis, les Romains nous ont communiqué le génie administratif, le langage, la législation, les arts, la culture intellectuelle. Nous tenons des Francs le régime politique, l'organisation mili-

taire. Les invasions de Francs, de Burgondes,
d'Arabes et de Normands sont venues, dans le
cours des âges, modifier le germe primitif par de
fécondes alliances, et ont produit cette nation vi-
goureuse, cette race mixte, qui est faite pour mener
le monde.

De cette fusion d'éléments se sont formées ces natures impressionnables, ces hommes de premier
mouvement, forts et souples, par conséquent per-
fectibles, capables de s'enrichir par des emprunts
et de les modifier rapidement, sans rien perdre de
leur individualité première.

Le Français naît missionnaire, homme d'initia-
tive et de prosélytisme. Vienne le Christianisme,
il sera l'apôtre de la vérité religieuse; vienne la
civilisation, il sera le propagateur de la science,
des arts, des bonnes manières. Séduit parfois dans
la vivacité de ses sentiments, il deviendra l'agent
inconscient du mal, dont il n'aura pas aperçu les
couleurs dans son ardeur primesautière [1].

---

1. Qu'étaient donc les Gaulois ? De quel pays étaient-ils ?
Quand sont-ils venus habiter nos contrées ? Quelles étaient
leurs mœurs, leurs institutions ? Autant de questions auxquelles nous nous efforcerons de répondre brièvement et aussi
clairement que nous le permettront les rares documents conservés de cette époque lointaine.

Avant les races historiques, dit M. Gaidoz, a vécu toute
une série de races anonymes, apparentées par le langage aux
Gaulois ou Celtes, et qu'on a réunies de nos jours à ces derniers, en les comprenant sous le nom général de race celtique.

Pendant un temps très long, l'ours des cavernes fut le souverain du pays. Mais ensuite les premiers hommes arrivè-
rent de l'Orient, armés seulement de lances, de haches, et
d'autres instruments en silex ou autre pierre. Ils disputèrent

Nous donnons en note un aperçu de l'origine, du caractère et des mœurs des Gaulois.

---

aux ours leurs cavernes, et, lorsqu'ils purent s'y installer et allumer des feux, les animaux durent abandonner leurs repaires à leurs vainqueurs qui s'y établirent, et continuèrent la lutte pour l'existence.

Disons de suite qu'il faut identifier tous les peuples de dénominations diverses, les Celtes, les Galates, les Gaulois. C'est même probablement une transcription du même mot.

Les Celtes ou Gaulois se rattachent à l'antique race des Aryens qui habitaient, il y a six mille ans, les bords de l'Oxus, la Bactriane, et les plateaux de l'Asie centrale. Cette race est la mère des nations indo-européennes : Indiens, Perses, Grecs, Latins, Celtes, Germains, Slaves.

Les Celtes quittèrent leur patrie et se dirigèrent vers l'Occident par la vallée du Danube où ils firent des établissements.

Fixés près des Scythes, au milieu du ive siècle avant l'ère chrétienne, les Celtes possédaient, selon toute vraisemblance, la vallée supérieure et moyenne du Danube. Ils s'avancèrent même jusqu'à la mer Adriatique. Au temps d'Alexandre, en 336, la domination des Celtes s'étendait, à l'Occident sur la majeure partie de l'Espagne et de la Gaule. Leur empire était donc presque aussi vaste que le fut plus tard celui de Charlemagne.

Il est arbitraire de faire remonter l'établissement des Celtes dans notre pays dès le xvie siècle avant J.-C. La critique historique n'a constaté le nom des Celtes dans aucun texte antérieur aux environs de l'année 500 avant J.-C. (a). « La présence des Celtes en Gaule antérieurement au vie siècles avant J.-C. n'est donc qu'une hypothèse », dit M. d'Arbois de Jubainville (b).

Les Gaulois, ayant franchi les Alpes, s'établirent dans notre pays, dans ce vaste territoire compris entre la Garonne et la Seine, l'Océan et le Rhin.

(a) C'est la date d'Hecatée de Milet, cité par Etienne de Byzance, fragm. 21 et 22.

(b) *Revue archéol.* année 1875. — Le nom des Galates apparait pour la première fois dans Timée (fragm. 37), dont les histoires se terminent en 264 avant notre ère. — La plus ancienne mention du mot *Galli* se rencontre dans les *Origines* de Caton, écrites un siècle après Timée.

Dans tous les cas on ne trouve pas de mention du mot *Galates* ou *Galli* antérieurement au ive siècle avant notre ère. (Voir Ern. Desjardins, *Géographie de la Gaule Romaine.*

Lorsque nous parlons de Gaulois à propos de Marcheseuil, nous ne pouvons faire qu'une chose,

---

Les Gaulois, dit Ammien Marcellin, sont en général grands et blancs de teint; ils ont la chevelure rousse (a), le regard terrible et menaçant. Le même auteur fait une peinture de mœurs où l'on voit la force et la vaillance de nos pères et de nos mères. « Avides de disputes, ils sont d'une excessive arrogance. Toute une troupe d'étrangers ne pourait soutenir l'effort d'un d'entre eux, combattant avec l'aide de sa femme, plus hardie et plus blonde que lui, surtout lorsque la rage du combat gonfle ses veines, lorsqu'elle balance des bras blancs comme la neige et aux larges contours, donnant à droite et à gauche des coups de poing accompagnés de coups de pieds, qui pleuvent drus comme s'ils étaient lancés par une catapulte... Passionnés pour la guerre, vieux et jeunes apportent au service une forte poitrine, des membres endurcis par le froid et par un travail continuel, prêts à tout braver. Personne parmi eux ne se coupe le pouce pour échapper au service. »

Les habits des Celtes étaient somptueux, le goût pour la parure, général. On ne rencontre jamais dans la Gaule, dit Ammien Marcellin, ni homme, ni femme, quelque pauvres qu'ils soient, couverts de haillons malpropres et en lambeaux. La saie tenait lieu de manteau et de tunique de dessous : c'était un vêtement ouvert sur le devant, garni de manches et descendant jusqu'aux cuisses. Les saies affectaient les couleurs les plus variées ; il y en avait de bariolées, d'autres étaient parsemées de fleurs, d'autres quadrillées également de fleurs brodées ou appliquées. Ils en avaient de chaudes pour l'hiver et de légères pour l'été; ils les attachaient avec des agrafes. Ces beaux habits, de couleurs variées, étaient évidemment réservés aux principaux des cités. Les braies étaient des sortes de pantalons.

Les habitations des Gaulois, d'après les textes de Strabon et de Vitruve, étaient de forme circulaire, faites avec des planches épaisses ou poteaux verticaux, reliés par des branches d'arbres, des osiers, de la paille, de la boue ; elles étaient recouvertes d'une toiture immense en forme de coupole, composée de roseaux et de feuillage, que l'on consolidait avec de la terre. Au milieu du toit, était pratiqué un orifice pour l'issue de la fumée.

(a) Il faut remarquer qu'ils se teignaient les cheveux en roux.

signaler l'existence, sur son territoire fertile et étendu, d'habitations rustiques et dispersées, ser-

---

Posidonius a dessiné un croquis d'intérieur gaulois, au ii° siècle avant notre ère ; on dirait un tableau de l'école réaliste, où l'on voit l'ameublement de nos ancêtres et le menu de leurs repas. « Les Gaulois; dit-il, sont assis sur des bottes de foin, autour de tables de bois très basses, chargées de vivres. Ils mangent peu de pain et beaucoup de viandes bouillies, grillées ou rôties à la broche, et proprement servies. Ils enlèvent des morceaux entiers, et, les tenant à deux mains, ils les déchirent à belles dents, à la manière des lions. S'ils ont quelque peine à détacher les morceaux, ils les coupent avec le petit couteau que chacun porte dans une gaine placée à côté du fourreau de son épée. On sert aussi, dans ces repas, des poissons d'eau douce, et des poissons de mer, suivant la région qu'on habite. Ces poissons sont grillés et assaisonnés de sel, de vinaigre et de cumin, et ils y mêlent leur boissons. (C'est la bouille-abaisse des Marseillais.) Ils ne font point usage d'huile, d'abord parce que cette denrée est rare, et ensuite parce qu'ils n'aiment pas la cuisine à l'huile, n'y étant pas habitués... Les sommeliers portent autour des tables des aiguières semblables à des amphores ; elles sont de terre ou d'argent. Les plats sur lesquels on sert les mets sont de même matière. Quelques-uns, en guise de plats, se servent de corbeille de bois et d'osier. Les plus riches boivent du vin qu'ils font venir d'Italie ou de la région de Marseille (a).

La classe populaire buvait de la *cervoise*, bière d'orge, le *zythum*, ou bière de froment avec mélange de miel, le *corma*, bière de froment sans miel. Le pain, le lait, et la viande de porc salé et frais faisaient le fond de sa nourriture. Les Gaulois excellaient à faire des jambons ; ils étaient les premiers charcutiers du monde. L'élève du porc se faisait sur une large échelle ; ces animaux erraient librement autour des maisons dont ils gardaient les approches ; on les craignait comme des loups, dit Strabon. Les chiens étaient plutôt dressés en vue de la guerre.

Les occupations des Gaulois étaient la chasse, la pêche, l'agriculture et la guerre. L'industrie était arrivée chez eux à un certain degré de développement.

Pline dit que les campagnes Éduennes (Bourgogne et Ni-

(a) Voir Ern. Desjardins. *Géographie de la Gaule romaine*, t. II, n. 562.

vant à abriter nos ancêtres dans les temps ordinaires. C'est ce qui résulte de l'interprétation du mot
gaulois *Marcassolium*. Dans les moments de trouble, ces hommes se retiraient dans des camps re-
tranchés, comme celui de la montagne de Bar. On
comprend qu'il ne soit rien resté de ces fragiles
demeures. Pour le camp, il est bien conservé et
nous avons la bonne fortune de pouvoir en faire
une description détaillée.

Les invasions des Gaules avant l'ère chrétienne,
les querelles incessantes entre les petites nationalités,
dont les intérêts étaient divisés par une vallée où
par une rivière, les rivalités héréditaires entre les
familles, et d'autres causes avaient créé des remparts contre les attaques, des refuges après la défaite [1].

---

vernais), qui nous intéressent plus directement, étaient d'une
grande richesse, grâce à l'emploi de la chaux. La moisson
se faisait, dit le même auteur, dans les vastes cultures des
Gaules, à l'aide d'un appareil dont le bord était armé de dents
qui était porté sur deux roues, et poussé en avant par un
bœuf. Les épis arrachés tombaient dans un récipient. Par ce
procédé, la paille, qui devait être employée pour les couver-
tures des maisons, n'était pas endommagée, ou conservait du
moins toute sa hauteur. Le blé se gardait dans des *silos* ou
cavités souterraines.

L'ardeur guerrière des anciens Gaulois était proverbiale ;
c'était déjà la *furia* française. Il est vrai que cette vigueur militaire était un peu émoussée du temps de César. L'écrivain
conquérant dit que « les Gaulois l'emportaient autrefois en
courage sur les Germains, mais que maintenant ils n'osent
même plus se comparer à eux. » Nous prenons cette affirma-
tion pour ce qu'elle vaut.

1. *Essai sur le système défensif des Romains dans le pays
Eduen,* par M. Bulliot, p. 4.

Le camp retranché de la montagne de Bar, situé presque intégralement sur le territoire de Marcheseuil, semble se rattacher à l'époque que nous étudions. M. Bulliot, le savant explorateur du mont Beuvray, près d'Autun, a bien voulu, à notre prière, se transporter au camp de Bar le 22 octobre 1891. Les mesures, la configuration de ce point défensif furent étudiées ; quelques fouilles furent pratiquées, et M. Bulliot eut l'obligeance de nous adresser un compte rendu, dont nous allons donner la substance.

La montagne de Bar, à la lisière de l'Autunois et de l'Auxois, s'élève comme un observatoire ou une forteresse naturelle. Formée de bancs calcaires superposés, elle se termine à 555 m. d'altitude par un piton escarpé de tous côtés, d'une longueur de 140 m. environ sur 50 à 60 m. de largeur moyenne. La plate-forme se rétrécit au nord en éperon. Sur les flancs de la montagne, divers contreforts, étagés en gradins, offrent des esplanades distinctes, escarpées elles-mêmes, susceptibles d'être transformées en enclos faciles à établir, la pierre affleurant partout. Cette position culminante et facile à défendre était trop apparente pour ne pas être utilisée par des populations rurales, exposées journellement, dans les temps troublés, à des attaques soudaines et à des pillages. La montagne, dès une époque qu'on ne saurait apprécier, puisqu'on n'a pas trouvé d'objets de nature à fournir des dates, parut une sauvegarde aux gens de la plaine, qui renforcèrent, par le travail de l'homme, l'asile que la constitution géologique de la région semblait leur avoir préparé [1].

Le plateau supérieur est en effet occupé par des retranchements dont la conservation actuelle est vraiment exceptionnelle parmi les ouvrages du même genre. Ces retranchements consistent en une espèce de camp, de 402 m. de long, d'un pourtour peu régulier, subordonné sans doute à la structure du plateau. Les angles nord-ouest et nord-est, ce dernier arrondi, donnent à la face orientale une courbure dont la corde aurait 42 m., tandis qu'au milieu de l'enceinte, la largeur est de 58 m. L'aspect général, abstraction faite des arcatures peu sensibles, se rapproche du trapèze.

Le périmètre de cette enceinte était couronné partout par un mur de clôture en pierre sèche, dont l'écroulement a jonché le talus de ses éboulis. Les assises inférieures néanmoins forment, sur toute la lisière, une saillie continue et visible. Sous ce reste de parapet règne un talus régulier de 2 m. de hauteur, au pied duquel est creusé un fossé, que, d'après la tranchée et le sondage, on ne peut évaluer à moins de 3 m. de profondeur. Cet ensemble produit une hauteur respectable, et, en évaluant celle du parapet seulement à 1 m., on

---

1. Le mot Bar, *Barrum*, très ancien, signifie un lieu élevé, fortifié, un rempart, un retranchement — *Bard* est une orthographe récente, fautive, qui fait rêver des Bardes bien inutilement, comme *Montbard*.

obtient, à partir du fond du fossé, une élévation de 6 m. presque verticale, vu la formation en bancs de pierre des talus.

C'est là qu'apparaît l'importance de l'ouvrage. Pour creuser ces fossés, force a été de faire un travail de mines et de carrières ; ils sont découpés dans des bancs réguliers et massifs. Il est vrai que les débris d'extraction ont fourni sur place les matériaux du mur de parapet. Sur les deux faces accessibles, car sur le reste, les pentes sont telles que tout moyen artificiel de défense eût été superflu, le fort était entouré d'un double rang de fossés, formant une ceinture de 25 m. de largeur. Le fossé extérieur de contrescarpe a 9 m. 50 de largeur. Le fossé intérieur, au pied de l'escarpement, 14 m. 50.

La superficie de ce retranchement, qui ne dépasse guère la moitié d'un hectare, paraît bien minime en comparaison du travail qu'il a nécessité. Mais on doit le considérer comme une citadelle, un dernier asile. Il semble que les contreforts du dehors, escarpés eux-mêmes, ainsi qu'on l'a dit, devaient être occupés, avec d'autant plus de raison, que la source unique, qui pouvait alimenter le fort, est située sur l'un d'eux. Aussi le considérons-nous comme un refuge, désert en temps de paix, recueillant l'élite des défenseurs en temps de guerre, pendant que les troupeaux et leurs gardiens campaient dehors, sur les contreforts. Cet abandon habituel, ou du moins temporaire, paraît d'autant plus probable qu'on n'aperçoit à l'intérieur aucun vestige indiquant l'habitation. La plate-forme étant la roche pure, tous les débris anciens ont bien vite disparu, et la mince couche de terre, formée depuis, a tout recouvert d'un épais manteau de gazon. En interrogeant les nombreuses levées de taupes qui, au mont Beuvray et ailleurs, ramènent à la surface du sol d'innombrables fragments céramiques, nous n'avons pu en recueillir un seul ; le terrain partout semble vierge, et, pour acquérir une certitude, nécessité serait de dénuder jusqu'au roc.

Indépendamment de sa destination comme refuge, dans des âges primitifs, le retranchement de la montagne de Bar a dû servir aux Gaulois pour la transmission des signaux ignés. De son admirable position, on aperçoit, d'une part, le Beuvray, Rome-Château, au-dessus de Saint-Sernin-du-Plain, le mont de Senne ou Croix-de-Santenay, et les Chaumes-d'Auvenay, dans la direction de la Saône ; du côté de l'Auxois, la montagne de Thil et d'autres points. Cette ligne communiquait avec Alise plus facilement que par le Morvan, croyons-nous.

L'aspect de la montagne de Bar, avec des dimensions infiniment moindres, mais avec des vestiges mieux conservés, offre une grande analogie avec Rome-Château, et les autres oppidums ou refuges de la Côte-d'Or et de l'Auxois, dont l'assiette est de même formation.

M. A. de Barthélemy, dans une *Etude sur les
Monnaies antiques recueillies au Mont Beuvray*,
conclut que l'époque la plus prospère du grand
oppidum fut de l'an 53 à l'an 5 avant J.-C.,
au moment du soulèvement de Vercingétorix. Il
en fut probablement de même du petit oppidum
de Bar.

Si nous rencontrons sur le territoire de Marcheseuil, principalement sur la montagne de Bar,
des souvenirs militaires, on trouve aussi, et juste
au même point, des souvenirs religieux. Nous
sommes donc conduits naturellement à dire quelques mots de la religion de nos ancêtres, les Celtes
ou Gaulois.

Il semble que la religion, chez nos pères, ait
revêtu deux formes ; l'une pourrait être appelée la
religion populaire : c'est la déification des forces
de la nature, comme le feu, les vents, le tonnerre,
etc. ; l'autre serait la religion plus savante du
druidisme, à l'usage de la classe sacerdotale, de la
noblesse [1].

---

1. D'après le récit de César et les études contemporaines,
le Druidisme était né en Bretagne (Angleterre). C'est en Bretagne et en Irlande qu'il se retira, au jour de la persécution ;
c'est là qu'il végéta longtemps encore, comme l'a démontré
M. d'Arbois de Jubainville ; c'est là qu'il mourut et c'est là
enfin qu'il faut aller aujourd'hui, pour en étudier les débris.
L'union, la solidarité, l'obéissance au chef, leur instruction,
leur qualité d'étrangers, voilà le secret de l'influence des
Druides, dit Ern. Desjardins. Ils élevaient les fils de la noblesse au sein des forêts, les gardaient quelquefois vingt ans,
et les instruisaient oralement, pour perpétuer les traditions.
Ils prêchaient à des peuples encore barbares, qu'ils avaient
parfaitement persuadés, la croyance aux Dieux, l'immorta-

M. Bulliot, en visitant le camp de la montagne
de Bar, n'a pas manqué de faire une observation
qui trouve ici sa place. Un petit espace, étroit et
terminé en éperon, a été laissé au nord, en dehors
des retranchements. Une particularité semblable

---

lité de l'âme ; et il fallait que cette croyance en une autre vie
fût bien vive, puisqu'on prêtait de l'argent payable après la
mort.

On peut distinguer trois degrés dans l'ordre druidique : les
Druides proprement dits, théologiens et philosophes, sacrifi-
cateurs et médecins ; les *Bages*, aides-sacrificateurs, augures,
devins, magiciens, rôle auquel se réduisit le druidisme en
décadence ; les *Bardes*, rapsodes mendiants, et poètes para-
sites, accompagnant leurs maîtres pour chanter leurs louan-
ges.

On comprend depuis bien peu de temps la plus célèbre des
triades du panthéon celtique, composé de *Teutatès*, de *Ta-
ranis* et d'*Esus*, dieux de la mort. Le premier répond au Mars
gaulois de César, auquel on immolait des captifs pendant la
guerre ; le second est le dieu de la foudre ; le troisième ne
doit pas être identifié, non plus que le second, avec Jupiter.
Un autre groupe de dieux était opposé aux dieux de la mort ;
le plus célèbre était *Lug*, ou *Smer* ou *Hermès*, le Mercure gaulois, dieu de la vie. Le dieu *Belen* est gaulois ; à la fin du IIe
siècle, sous Septime Sévère, par suite de campagnes en Asie,
on introduisit des dieux d'Orient en Occident, et *Belen* se con-
fondit avec *Baal, Belus, Belenus, Apollon*. On adorait aussi en
Gaule les divinités Camull, Roth qui a laissé son nom à la
cité de Rouen, *Rothomagus*, Ardoinna, la déesse des Ardennes,
etc.

Des actes officiels, sous les empereurs Auguste, Tibère, et
Claude en l'an 43, proscrivaient le culte druidique. César
avait pactisé avec le haut sacerdoce de la Gaule par politique ;
Tibère avait opéré adroitement un mélange des dieux de Rome
et de la Gaule ; au temps de l'empereur Claude, il n'y avait
plus de sacrifices humains. Les dieux de la mort avaient disparu, il ne restait plus que les dieux topiques ou locaux,
Seulement trois éléments d'influence restaient au pouvoir des
druides ; la pratique de la médecine, le rôle de l'arbitrage ou
justice, et l'éducation. C'est surtout en Bretagne que s'exer-

existe au camp de Chassey, sur la Dheunne. Etait-ce le lieu sacré, réservé aux sacrifices? Serait-ce pour purifier le lieu qu'une chapelle chrétienne y aurait été élevée dans la suite? La chapelle bàtie par frère Agnès de Marcheseuil, religieux de Bar,

---

çait cette influence; plus d'un siècle de conquête fut nécessaire pour anéantir cette institution. En 70, les druides apparaissaient encore.

La dévotion populaire persista longtemps dans les campagnes et au fond des bois. Le souvenir de la science médicale, des consultations et des prescriptions des derniers druides leur fit donner le nom de magiciens. Les fées sont nées de la même idée.

Les fées (du latin *fata*, celle qui préside à notre destinée, à notre *fatum*, du verbe *fari*, parler), n'étaient que les druidesses ou vierges gauloises, qui pratiquaient l'art de la divination, et avaient su, par différents prestiges, connus des initiés seuls, en imposer au peuple, et se rendre redoutables à ses yeux. Les habitants de nos montagnes attribuaient à ces prêtresses païennes une puissance sans bornes, et jadis encore, tout ce qui frappait l'imagination populaire, et paraissait, par la rapidité de l'exécution, ou l'importance de l'œuvre, dépasser le pouvoir d'un homme ordinaire, était attribué aux fées.

Les druidesses n'acceptèrent pas aussi facilement le culte romain que les druides. Réfugiées dans une île de l'Océan, elles faisaient, de temps à autre, de courtes apparitions sur le continent, où, au moyen d'une baguette magique, elles prétendaient revêtir toutes sortes de formes, prédire l'avenir, apaiser les tempêtes, donner la victoire, en un mot, accomplir les prodiges merveilleux dont le souvenir s'est perpétué jusqu'à nos jours dans les contes de fées.

Les fées avaient pour costume une robe noire, aux larges manches, serrée par une ceinture en métal, et pour coiffure, un bonnet blanc, élevé en cône, couvert d'un voile violet.

Les druidesses, dit César Cantu, devinrent un objet d'horreur sous le nom de fées, de sorcières, au moment du Christianisme.

Un pontife suprême, ou archidruide, revêtu d'un pouvoir absolu dans toute la Gaule, résidait, les six mois d'hiver, au pays des *Carnutes* (Chartres), et les six mois d'été, chez les *Eduens*, près d'Autun.

en 1607, et dédiée à la Sainte Trinité, n'aurait-elle
pas succédé à un sanctuaire plus ancien?

La Gaule, dit M. Lecoy de la Marche, renfermait peu de villages; les habitants des campagnes
se réunissaient, pour traiter leurs affaires, ou échan-
ger leurs produits, aux carrois ou carrefours formés par les principales voies de communication,
dans certains champs consacrés par l'usage. Il était
de bonne politique de profiter de leurs assemblées,
pour leur enseigner la religion, et de choisir les
mêmes endroits, pour y élever des oratoires et des
églises [1].

Les camps étaient consacrés à quelque divinité
tutélaire, dont le culte dominait dans le pays, surtout les symboles du druidisme, les roches, les
fontaines. Il s'y tenait des assemblées où la religion, la politique, le plaisir même trouvaient leur
part. Ces usages enracinés parmi le peuple, ont
survécu au changement des religions et des races.
Les camps Eduens, d'après M. Bulliot, avaient presque toujours leurs fêtes populaires. Ces fêtes rurales de la Gaule primitive, sur les hauts lieux, et
près des sources, apparaissent, dans la nuit des
temps, chez toutes les tribus, comme les plus anciennes manifestations de la religion naturelle [2].

Peut-être que là, dans des mystères équivoques,
les jeunes filles venaient demander aux trois dées-

---

1. *Saint Martin*, p. 247.
2. La plupart des fêtes celtiques, celles du Beuvray en particulier, duraient trois jours.

ses Maires d'obtenir un époux. Les déesses Maires,
Matrones, Dames, *Mairæ, Matræ*, (déesse tutélaire
d'une ville, d'un quartier), *Matronæ, heræ,* cor-
respondaient, chez les Gaulois, aux trois Parques,
et présidaient, dans le paganisme romain, à la génération, à la naissance, à la dispensation de l'a-
bondance et des richesses. Aussi, pour la fête des
Matronales, les femmes leur offraient-elles des pom-
mes, des cornes d'abondance. Comme elles pas-
saient pour se rendre visibles aux hommes, et pour
entrer en contact avec eux, leur culte, plus populaire que celui des grandes divinités, s'est conservé
jusqu'à nous, sous le nom de dames, et a laissé de
nombreux vestiges. Les habitants des localités voisines venaient autrefois, et même au commencement de ce siècle, sur la montagne de Bar, à certains jours, pour entendre la messe à la sainte
chapelle. Les jeunes gens s'y exerçaient au tir de
l'oiseau. Quelque désordre s'étant produit dans
cet apport, la réunion fut interdite par l'autorité.
Du reste, la pieuse chapelle n'existe plus.

Comme souvenirs celtiques, ce sommet possède
encore la fontaine des Fées, le four ou fort des Fées
et la pierre des Fées. La source était partout l'ac-
cessoire des lieux sacrés. La fontaine se trouve au-
dessous de l'esplanade, vers le nord-est. Elle est
restée l'objet de la superstition ; on s'y transportait
en groupe, pour obtenir la pluie ou le beau temps.
Dans le premier cas, on vidait la fontaine ; dans le
second, on la remplissait de pierres. On sait que

les druides, pour faire descendre la rosée du ciel,
agitaient la surface des sources sacrées avec des
touffes de *belem*, [(jusquiame). Peut-être bien que
les fidèles, à leur tour, aspergeaient aussi leur curé,
comme autrefois les Gaulois le faisaient à leur
druide. Cet usage est constaté à Saint-Seine-l'Abbaye, dans le Morvan, et ailleurs. Le four ou fort
des Fées est au midi, en contre-bas du camp ; c'est
une excavation étroite et profonde dans la roche
aujourd'hui détériorée. La partie supérieure a été
enlevée. La pierre des Fées est à l'ouest, sur le bord
du camp : c'est une pierre parsemée de petits trous.
Les gens disent que c'est l'empreinte des clous de
la chaussure des fées [1].

C'est peut-être pour sanctifier les souvenirs du

---

1. Avant de prendre congé de nos pères, les Gaulois, que,
du reste, nous retrouverons, dans le chapitre suivant, aux
prises avec les Romains, demandons-nous quel était leur
langage.

Les Celtes n'écrivaient point ; aussi ne possédons-nous que
bien peu de données sur la langue des Gaulois, données fournies par les Romains et la critique contemporaine. Les études celtiques commencées avec succès il y a un demi-siècle,
ont aujourd'hui d'illustres représentants.

La critique historique a constaté que le vaste rameau des
Celtes, qui a étendu ses branches dans toutes les parties de
l'Europe, a laissé partout des traces dans des noms de contrées, de villes, de bourgades, de fleuves, de rivières, de cours
d'eau, de lieux-dits, de noms propres d'hommes. Leurs noms
géographiques sont presque toujours des noms communs servant à désigner la topographie locale. C'est ainsi qu'on trouve
des villes appelées *Condate, Condé*, confluent ; *Briva, Brive*,
gué, passage d'une rivière ; *Dunum*, point fortifié situé sur
une colline, *Augustodunum, Autun*, forteresse d'Auguste, *Noviodunum, Nevers*, et d'autres villes des Gaules, mot équivalent
à nos modernes *Château-neuf*, assez nombreux en France :

paganisme que les comtes de Nevers bâtirent, au
x⁰ siècle, tout au pied de cette montagne, le prieuré
de Bar. Presque partout en effet où le culte païen
avait laissé des traces profondes, l'Eglise eut soin
d'élever des monastères d'hommes ou de femmes,
dont la présence et l'activité, la prière, le travail
et les chants étaient seuls capables d'effacer le caractère superstitieux que certains lieux devaient à
leur site, à leur solitude et à leurs traditions.

Briga, montagne, *Brigantio*, *Briançon* ; *Magus*, champ, *Novio-
magus*, *Noyon*, nouveau champ, etc.

La langue française ne possède qu'un petit nombre de noms
communs provenant du celtique, comme *alouette*, etc. (*a*).

Refoulée dans l'Armorique par les conquérants romains,
la langue gauloise y vécut encore plusieurs siècles à la faveur
de son isolement. Le patois bas-breton d'aujourd'hui est l'héritier de la langue celtique. Il y en a aussi des débris en Angleterre.

Le gaulois fut parlé dans le peuple quelques siècles après
César, parallèlement avec le latin populaire, dégénéré, im-
porté par les légions, les recrues ; car on raconte qu'un siècle après la conquête, les femmes et les enfants chantaient des
chansons en bas-latin.

(*a*) Voir. Aug. Brochet, *Dictionnaire étymologique de la Langue française.*

CHAPITRE III

PÉRIODE GALLO-ROMAINE

Guerre de conquête. — Les Eduens. — Débris gallo-romains. — Cherchilly : les Grands-Poix. — Bassin supérieur de l'Arroux. — Voies antiques.

Nous entrons dans une phase nouvelle pour notre pays, phase plus proche de nous, par conséquent mieux connue. Jules César, en fut l'agent en même temps que l'écrivain. Cette phase est une brillante épopée militaire. Elle montre le génie savant en lutte contre la seule vaillance; elle présente le spectacle extraordinaire et le rare phénomène moral, d'une nation broyée dans le moule du vainqueur, s'assimilant rapidement et oubliant ses antiques institutions, ses usages séculaires, sa religion, son langage. Fille des Gaulois, la France sortit de l'école de Rome, instruite et disciplinée. Lorsqu'elle aura été trempée dans le sang du Christ, et baptisée avec son roi Clovis, elle étonnera le monde par sa grandeur: elle sera le chevalier de Dieu, armé pour toutes les grandes causes. *Gesta Dei, per Francos* [1].

A l'arrivée de César en Gaule, le territoire de Marcheseuil appartenait à la grande confédération

---

1. Avant de raconter la conquête de notre pays par les Romains, il importe de se rendre compte de son état soixante ans avant J.-C., au commencement des hostilités.

La Gaule ancienne, comprenait 1° la Celtique, au centre, de l'Océan à la Forêt Noire ; 2° la Belgique, au nord, de la Marne à l'embouchure de la Sambre, et de l'Océan Germanique à la Forêt Noire ; 3° la Province romaine de Toulouse à Genéve et aux Alpes; 4° enfin, l'Aquitaine, au sud de la Garonne.

Nous avons nommé la Province romaine, c'est dire que l'ennemi avait déjà un pied dans la place. La colonie grecque de Marseille fut, par ses relations avec Rome, la source de tous les malheurs des Gaulois : c'est elle qui, alliée aux Romains, leur ouvrit le chemin des Gaules, en les appelant à son secours contre les Ligures (153 avant J.-C.)

La France a toujours tenté ses voisins, parce que la Providence, comme dit Strabon, y a tout disposé à souhait. Les Romains commencèrent par s'emparer du bassin du Rhône. Dès lors, la voie était ouverte, et ils s'élancèrent, avec César, à la conquête de ce pays inconnu. Une autre considération à faire c'est que la patrie gauloise n'existait pas, dans le sens véritable du mot. Aujourd'hui que la centralisation, la communauté de religion, de langage, de gloire et d'épreuves ont créé la patrie française, nous comprenons, nous sentons surtout la signification de ce mot, et grâce à Dieu, il fait vibrer tous les cœurs à l'unisson d'un bout à l'autre du pays. Mais les habitants qui couvraient la vaste surface du territoire que nous venons de décrire, formaient plutôt un ensemble de peuples qu'un peuple unique, une agglomération de tribus souvent rivales, jalouses, renfermant des ambitieux à leur profit et parfois des traîtres. Une ombre de patrie naquit au souffle de la tribulation, sous Vercingétorix. Une révolution véritable se fit dans le peuple. Des réunions démocratiques se tinrent à la place des assemblées des druides et de la noblesse. Les deux tiers des populations se levèrent à l'appel du jeune et vaillant défenseur. Mais il était trop tard.

Les Eduens formaient un des vingt-deux peuples composant les Celtes transligériens, établis au centre de notre pades Eduens, qui jouèrent un rôle considérable dans les destinées de notre pays.

La Gaule fut vaincue, l'an 51 avant J.-C. Après le départ de César, la patrie de nos pères fut d'a-

---

trie, entre le *Belgium* (la Belgique), au nord et au nord-est, et la Celtique cisligérienne, au sud de la Loire.

Les Eduens, rivaux des Arvernes (Auvergne) et des Séquanes (Franche-Comté), étaient les amis du peuple romain, dont ils se vantaient d'être parents, et Cicéron les avouait comme tels, *fratres nostri*. Ils ne se rallièrent qu'en 53 avant J.-C. Ils occupaient la plus grande partie de la Bourgogne, entre la Saône, la Loire, l'Yonne, l'Ouche et la Seine. Ils avaient pour clients les *Segusiani* (Forez et Lyonnais), les *Ambarri* (Bresse), les *Aulerci Brannovices*, qu'on a placés au nord des précédents. Leur capitale était la fameuse *Bibracte*, qui était distincte d'Autun, *Augustodunum*, ville de fondation romaine. Elle était située sur le mont Beuvray (*a*). C'est là que fut convoquée la célèbre assemblée de toute la Gaule, *concilium totius Galliæ*, par Vercingétorix.

Les villes principales citées dans les commentaires de César sont *Noviodunum Eduorum*, sans doute Nevers, *Decetia*, Decize, *Matisco*, Mâcon, *Cavillonum*, Châlon-sur-Saône.

Il est difficile de dire si *Dibio*, dont le nom figure dans une inscription assez ancienne, existait déjà au temps de César; elle dépendait des *Lingones* (Langres). Les noms d'*Alisia*, Alise-Sainte-Reine et de *Borvo* ou *Bormo*, Bourbon, sont probablement contemporains de l'établissement de la race gauloise dans notre pays.

Les noms Bibracte et Borvo désignent des divinités topiques ou locales. Les *Mandubii*, où l'on place la ville d'Alise, étaient voisins des Eduens, et doivent être considérés comme leurs clients. Ils occupaient à peu près l'emplacement de l'Auxois moderne, ou de l'antique *Pagus Alisiensis*.

La division ecclésiastique assigna à peu près le même territoire à l'ancien diocèse d'Autun. La ligne de partage des eaux, entre le versant de la Loire et le versant de l'Yonne, ligne qui suit le sommet de la montagne d'Hully, hameau d'Allerey, nous semble être la limite des Mandubiens et des

---

(*a*) Le mont Beuvray, qui a retenu le nom gaulois de Bibracte, est à 20 kilom. à l'ouest d'Autun, dans le département de la Nièvre, canton de Moulins-en-Gilbert, mais beaucoup plus rapproché de St-Léger-sous-Beuvray, chef-lieu de canton du département du Saône-et-Loire.

bord soumise et pacifiée, c'est le premier pas ; sous Auguste, depuis l'an 27 avant notre ère, elle se laissa organiser, et accepta les lois de Rome ; c'est le second pas ou l'adhésion spontanée ; dans le

---

Eduens proprement dits. Marcheseuil se trouvait ainsi limitrophe du *Pagus Eduensis*, pays Autunois, du *Pagus Morvinnus*, pays Morvandau, du *Pagus Alisiensis*, pays d'Auxois, enfin du *Pagus Arebrignus*, qu'on place généralement du côté d'Arnay-le-Duc (*a*).

Après la défaite des Arvernes et de leurs alliés par les Romains à la bataille du Rhône, en 121 avant J.-C. les Eduens de Bourgogne et du Nivernais acquirent le premier rang dans la Gaule centrale. En l'an 60 avant notre ère, la Gaule était divisée, en deux fédérations, ayant à leur tête, l'une les Eduens, l'autre les Arvernes.

Ces peuples se disputaient le protectorat de la Celtique depuis plusieurs années, lorsque des Germains furent engagés comme mercenaires par les Arvernes et les Séquanes. Faute immense qui attira ces hordes dans nos contrées. Les Eduens et leurs alliés perdirent dans deux batailles toute leur noblesse, leur sénat, et leur cavalerie. Les Séquanes vainqueurs apprirent bientôt qu'ils n'étaient que vaincus, sous le dur traite ment que leur infligea Arioviste, chef des Germains. César étai_ proconsul de la Gaule en 58 avant notre ère. La guerre étaitt nécessaire, pour empêcher l'envahissement des Gaules par les Germains. Les Germains avaient intérêt à protéger leurs alliés et la Province (Provence), conquise depuis longtemps déjà.

Les hostilités toutefois commencèrent contre les Helvètes (Suisses). Ce peuple, harcelé par des invasions de hordes germaniques, attiré peut-être aussi par l'appât d'un séjour préférable, au sein de riches contrées, avait envahi le pays des Eduens. César passe les Alpes, suit le cours du Rhône, puis la Saône, qu'il franchit vers Mâcon, et écrase les Helvètes à 26 kilom. de Bibracte, probablement à Montmort.

Les Eduens furent encore l'occasion de la guerre contre Arioviste. Leurs terres étaient ravagées par les Harudes. Ils se plaignirent. Les Trévires envahis, le firent également. Cé-

(*a*) Voir la *Notice sur quelques monuments mégalithiques situés dans les cantons de Liernais et de Saulieu*, publiée dans les *Mémoires de la société d'Hist., d'Arch. et de Littér. de l'arrond. de Beaune*, année 1877.

cours du premier siècle de l'Empire, les Gaulois réclamèrent eux-mêmes le titre de citoyens romains, et l'admission dans la grande patrie nouvelle ; c'est le troisième pas ou l'assimilation consommée. Un demi-siècle après la fin de la guerre, la conquête était bien près d'être accomplie [1].

---

sar battit l'armée des Germains dans le triangle de Belfort, Montbéliard et Lure.

Là devait se borner l'intervention romaine. Mais quand on vit les légions séjourner chez les Séquanes, on dut comprendre que César n'avait fait que commencer, et qu'une guerre de conquête allait s'établir. Les campagnes se succédèrent dans le nord de la Gaule, en Belgique et dans l'ouest, sur les côtes de l'Océan, pour se terminer, ou à peu près, à Alise, frontière des Eduens. On pourrait assigner trois causes d'infériorité des Gaulois dans cette lutte formidable contre les Romains : le système de guerre en batailles rangées, au lieu de guerres de partisans : une défaite était fatale ; puis le défaut d'union politique ; enfin le caractère des troupes, ignorant la science militaire, bouillantes, mais sans persévérance, et munies d'armes défectueuses. Les Gaulois résistèrent vaillamment, brûlèrent leurs villages, leurs récoltes, leurs provisions, changeant le pays en un désert pour affamer l'ennemi. César ne put les réduire que par la terreur : à Bourges, il massacra dix mille femmes et enfants ; à Vannes, il fit égorger tous les chefs d'une tribu, et vendit la tribu entière à l'encan ; à Uxellodunum, il coupa les mains à tous les prisonniers. Après huit ans d'une guerre atroce et d'horribles massacres, la Gaule était aux pieds de César.

1. Comment s'expliquer une transformation aussi rapide, aussi complète, aussi radicale ? Il a fallu évidemment un principe énergique, supérieur, agissant sur un sujet préparé à cette élaboration. Ce fut là le génie extraordinaire du peuple romain, qui, du reste fut favorisé par l'état de faiblesse, d'absence de civilisation et d'unité politique des Gaulois. On aura peine à comprendre aujourd'hui que trois mille hommes armés ont fait, pendant trois siècles, la police d'un territoire qui comprenait la Gaule, une partie de la Suisse, de la Prusse, la Hollande et la Belgique. Il est vrai qu'il y avait une garnison de seize mille hommes sur le Rhin.

Un des moyens les plus efficaces d'assimilation employés par les Romains fut la colonisation.

La période gallo-romaine a laissé des traces sur le territoire de Marcheseuil. Ainsi, à Marcheseuil même, on a trouvé, à diverses époques, des médailles du haut Empire et des sépultures.

La colonisation avait un double objet. Comme mesure militaire, elle avait pour but d'entourer une portion conquise par des légions placées à la frontière, afin de l'isoler de toute influence extérieure. Comme mesure administrative, elle instituait un régime gouvernemental, qui broyait toutes les résistances locales, imposait la langue et la religion aux vaincus, exterminait ou transportait les récalcitrants. César, pour son compte, vendit un million de Gaulois comme esclaves.

La colonisation établit une gradation savamment combinée à l'usage des villes et des personnes, afin de les faire arriver, les unes et les autres, à l'état de citoyens romains.

L'empereur Auguste joua un rôle considérable dans cette œuvre d'absorption.

Les hautes classes, chez les indigènes, avaient été étroitement serrées dans un quadruple cercle de fer doré.

D'abord la légion, ou l'admission, dans l'armée, de l'élite des cités, comme elle fut dans la légion de l'*Alouette*. Les légionnaires, après vingt ans de service dans le même pays, épousaient des femmes de la contrée, et obtenaient le droit de cité et le droit de *connubium*, qui leur permettait d'épouser des étrangères, et de leur communiquer le droit de cité, ainsi qu'à leurs enfants.

Après les honneurs militaires conférés aux Gaulois, on trouve aussi les charges de la magistrature. On donnait les jugements à de vieux légionnaires, qui furent placés dans les décuries de *Judices*.

La religion ou le sacerdoce de Rome et d'Augusts enveloppa dans la même auréole et dans le même respect, les dieux de la mère patrie, et la personne des empereurs. L'influence des uns et des autres devait s'exercer parallèlement, et recevoir un commun accroissement.

La politique, reposant sur le *minus* et le *majus Latium*, menait aussi, par un chemin plus long à la *civitas Romana*. C'était la condition d'une cité dont la classe élevée était en passe de devenir cité romaine par l'exercice des magistratures.

Pendant ce temps, Rome avait trouvé le secret de gagner à elle les basses classes, en montrant son estime pour les peti-

Cherchilly surtout nous fournit dans son nom, dans ses lieux dits et dans les objets qu'on y a découverts, matière à une véritable étude.

La forme qui a donné Cherchilly ne saurait guère différer de *Caracalliacum*[1]. Cherchilly, *Cherchilley* en 1284, désigne donc un nom de propriété gallo-romaine. En effet, la division de la Gaule en *fundi* ou propriétés immobilières et individuelles date de l'époque romaine. Cela résulte du nom qu'un grand nombre d'endroits, devenus souvent aujour-

---

tes gens, en servant leurs intérêts par l'institution Augustale.

L'an 7 avant J.-C., Auguste établit dans Rome des *magistri vicorum*, pris parmi les plébéiens.

Ils étaient chargés de l'inspection des rues, paraissaient revêtus de la prétexte, et étaient accompagnés de deux licteurs dans les lieux où ils résidaient. Comme les carrefours étaient sous la garde des dieux Lares, Auguste institua deux fêtes annuelles en l'honneur des *Dii compitales*, qui devaient y être ornés des fleurs du printemps et de l'été. L'empereur associa très habilement son génie aux dieux Lares, dont le culte prit ainsi une grande portée politique, et furent appelés *Lares Augusti*. Leurs prêtres, pris parmi les affranchis et la classe populaire, furent appelés *Augustales*. Du même coup, l'empereur se couvrit du rayon de la divinité, couronna son pouvoir de respect, favorisa le sentiment religieux, en multipliant les dieux domestiques, et se montra démocrate en appelant la classe inférieure à des honneurs nouveaux et inconnus, dont il bénéficiait en l'auguste compagnie des dieux (*a*).

Pour faire oublier aux Gaulois leur ancienne nationalité, les Romains eurent soin de démanteler les villes les plus remarquables par leur importance ou celles qui s'étaient signalées par leur courageuse résistance.

1. L'empereur romain Marc-Antonin, né à Lyon, visita sa province natale en 213. Il adopta, en le modifiant, le vêtement gaulois appelé la *caracalle*, espèce de tunique fendue, qui devint l'habit officiel et fit surnommer ce prince Caracalla.

(*a*) Voir Ern. Desjardins, *Géographie de la Gaule romaine*, T. III, p. 212 et suiv.

d'hui territoires de communes, ou réduits à la condition de hameaux, ont conservé. Ce nom est, en règle générale, dérivé d'un gentilice romain.

La forme *Sarchilly*, qu'on rencontre dans un texte du moyen-âge, doit être le fait d'une prononciation vicieuse, comme on le pratique encore dans le patois du pays.

Cherchilly a possédé un établissement gallo-romain, une colonie, peut-être une petite bourgade, à l'est du hameau actuel, dans le lieu dit : Aux *Grands-Poix* ou *Poils*. Pour s'en convaincre, il n'y a qu'à étudier les désignations du cadastre et le terrain en question.

Nous avons ici trois dénominations voisines qui semblent s'expliquer et se compléter l'une par l'autre : ce sont les termes *Colonge*, *Poix*, et *Chevanne* qui viennent de la basse latinité.

Le mot *colonge*, *colongia*, *colonica*, désigne une villa, une habitation de campagne comportant un *prædium*, une propriété suffisante pour nourrir le colon avec sa famille. Cette dénomination est très fréquente. **M.** Seignobos en compte quatre-vingts applications dans l'ancien duché de Bourgogne.

L'origine principale du colonat, d'après le comte de Champagny, semble résider dans les transplantations des barbares sur le sol romain, pratique qui fut en usage dès le temps de Marc-Aurèle, (161-180) et surtout depuis Aurélien et Probus (270).

Le mot *poix, podium, poium, pogicum, podius,*

en vieux français, *puy*, *pui*, *poy*, *poi*, *puz*, *pou*, *peu*, *pec*, etc., suivant la contrée, signifie colline, montagne : c'est dans ce sens que le Roman de Roncevaux dit :

Rolans regarde ens puit et ens valées.

Par extension, ce mot signifie petit *castrum*, *castellum*, camp, point fortifié, mais s'applique surtout à un établissement situé sur un *poix* ou colline. Il est pris dans le sens de pâturage dans le texte suivant : *Pour faire pasturer ensemble leur bestail en ung grant puy ou pasturage.*

On trouve aussi la variante : *pujada*, *puialis*, *puiale*, qui offre le même sens, et qui aura donné *Poil*, assez fréquent en Bourgogne.

A côté de ces lieux-dits, il y a à Cherchilly la pâture de *Chevanne*. Or, *cabana*, *cabanacum*, *cabanaria*, ou *cabannaria*, *cabanna* signifie étable, parc à gros bétail et par extension domaine rural [1].

Examinons maintenant la nature du terrain. Il y a sur trois points du territoire de ce hameau, des traces évidentes de constructions romaines : aux *Grands-Poix*, au *Rompey*, et à l'*Aubeté* ; le sol est jonché de débris de tuiles à rebords, de poterie, etc.

Aux *Grands-Poix* principalement, sur une sur-

---

1. Voir Du Cange et Godefroy, *Dictionnaire de l'ancienne Langue française.* — En Dauphiné et dans la Bresse, on rencontre très souvent l'expression *poypia*, *poype*, avec le sens analogue de colline, villa, motte fortifiée.

face de plusieurs hectares, on a trouvé des tuiles à rebords en très grand nombre, du marbre, du béton d'une extrème pureté, des soubassements de murs, enduits et recouverts d'une peinture offrant divers dessins linéaires, et des sujets de la nature, de plusieurs couleurs, des débris de poteries grises communes. Quelques-unes présentent au collier un gracieux filet strié. Cette poterie nettement gallo-romaine, date des premiers siècles de l'ère chrétienne. On y a recueilli aussi des médailles, des statuettes, quatre dés en grès, destinés à porter des poteaux de construction.

Cet établissement gallo-romain fut probablement détruit au moment des grandes invasions du ve siècle, ou bien par l'injure du temps.

A partir du me siècle, les vastes domaines gallo-romains ont formé des agglomérations rurales qui fondèrent elles-mèmes plus tard un grand nombre de paroisses. Après les invasions des Barbares, le gouvernement des Francs rendit la vie à nos contrées: l'histoire de nos pays prit du développement. Les habitants, échappés au sac des anciennes villes, se répandirent dans les campagnes, et bâtirent des villages, *villæ*; c'est le nom qu'on donnait à ces premières habitations qui commençaient souvent par une manse, *mansio*, simple maison de cultivateur. Les prisonniers de guerre, les colons reçurent des terres et créèrent des établissements. Pour la naissance des villages, il est difficile de remonter au delà du ive siècle ; beaucoup sont du viiie ou du xe.

Le camp de Bar dut être utilisé par les Romains durant la période d'occupation. Il faisait partie de ce vaste système de fortifications, établies, dans le pays Eduen, sur tous les sommets, à toutes les issues, à l'entrée des vallées, des voies, des rivières. Car la vallée supérieure de l'Arroux, était importante. L'Arroux, sortant des pentes qui divisent le bassin de la Seine de celui de la Loire, à la frontière nord du pays Eduen, établissait, entre ces bassins, une communication directe, touchant, d'un côté, aux montagnes qui le séparent de la Brenne et de l'Armançon, sur le versant de la Seine, il aboutissait, de l'autre, au cours même de la Loire, en suivant une longue vallée, par Arnay-le-Duc, Autun, Toulon et Digoin.

Le camp de Bar était le point central de la contrée. Ce camp, rattaché à celui du Tronçois, commune de Manlay, occupant l'extrémité d'un col plus rapproché de la rivière, couvrait les issues de la vallée supérieure de l'Arroux. Les deux camps de Bar et du Tronçois se partageaient la défense [1].

Il est à présumer qu'il existait avant l'occupation romaine des communications habituelles entre Autun et Alise.

Marcheseuil se trouvait enveloppé dans un véritable réseau de voies. On sait qu'Agrippa, gendre d'Auguste, vers l'an 735 de Rome, environ dix-huit ans avant la naissance de J.-C., établit quatre

---

1. *Voies romaines du département de la Côte-d'Or*, passim.

grandes chaussées ayant leur point de départ à Lyon. La plus longue et la plus fréquentée des quatre, qui n'était en quelque sorte que le prolongement de la grande voie militaire que l'on empruntait pour se rendre à Rome, était la voie de Lyon à Boulogne par la Bourgogne. Elle était le tronc d'un grand nombre de voies transversales, et faisait plusieurs détours, afin de passer dans les villes de la Gaule les plus considérables, à Châlons, Reims Soissons, Noyon, Amiens.

Pour gagner l'Océan par cette voie, il fallait franchir des gorges dangereuses, couvertes de forêts, de landes stériles, de houx, de genévriers, où les empereurs venaient, au iv⁰ siècle, chasser les bêtes fauves. Les voies, tantôt perdues au fond des ravins, tantôt côtoyant ou gravissant en ligne droite les montagnes sous l'ombre des rochers de granit et des futaies, serpentaient péniblement sur le sol du Morvan, ondulé comme les vagues de la mer.

La voie d'Agrippa sortait d'Autun par la porte d'Arroux, traversait les territoires des communes de Savilly, Brazey, Liernais, Saint-Martin-de-la-Mer, Saulieu, etc.

Il est certain qu'à cette grande voie devait aboutir, dans toutes les directions, un nombre considérable de chemins secondaires.

Nous qui jouissons aujourd'hui du confortable dans nos procédés de locomotion, qui voyageons en voitures capitonnées, roulant sur des chemins de fer, des tramways, de larges routes, et de bons chemins vicinaux, nous n'avons que du dédain pour ces vieilles voies, ces *vies*, dites *voies romaines, voies ferrées, pavés*, etc. Dans quelque temps, la charrue aura effacé les unes, l'administration aura employé les matériaux des autres, ou recouvert leur emplacement, et il sera de plus en plus difficile de reconnaître ces anciens tracés, d'autant plus que pendant tout le moyen âge, l'existence légale de nos grands chemins n'était pas établie, leur itinéraire officiel n'existait pas, et il en était de même de leur nomenclature administrative. Aujourd'hui déjà, il est dangereux de chercher à ressouder les tronçons encore existants, et on s'expose à plus d'une méprise dans ce travail de restauration.

Quant à l'origine de ces voies, elle se perd dans la nuit des temps. En effet, les Gaulois et leurs prédécesseurs sur notre sol, avaient des moyens de communication ; les centres importants, comme le Beuvray et Alise, devaient se rattacher par des chemins ; il en était de même pour les petites agglomérations, et même, pour le service des champs, il y avait de ces chemins de traverse que les Romains appelaient *diverticula*. C'est surtout dans les derniers temps de l'occupation romaine que le sol gaulois se couvrit de voies vicinales.

Pour s'orienter dans la direction de ces voies, il est bon de tenir compte de l'ancienneté des localités, ancienneté prouvée par des découvertes de nature à caractériser une époque, et, par contre, l'existence d'une voie pourra servir parfois à fixer l'origine d'un établissement, d'un village.

Il sera aussi avantageux d'étudier l'emplacement des croix anciennes, aux angles des routes. Car il était d'usage chez les Romains, dit M. Henri Beaune, de placer à tous les carrefours une statue, un autel, un signe quelconque d'une divinité. De là les Hermès (piliers ou poteaux surmontés d'un buste de Mercure) si fréquents en Italie et en Gaule; de là le culte tout spécial pour les dieux protecteurs des grandes routes. Le christianisme a remplacé les Hermès par des croix. Souvent les autels de ces divinités servaient de bornes ou de limites aux propriétés privées [1].

Les travaux des Romains portent un cachet spécial, qu'il est facile de reconnaître dans le mode de construction des voies [2].

Nous allons décrire les voies anciennes qui entouraient ou traversaient le territoire de Marcheseuil, sans en faire l'attribution exclusive à la période d'occupation romaine.

I. — Une voie très importante de nos pays était la voie d'Autun à Alise, par Mont-Saint-Jean, voie

---

1. Mémoires de la Commission des Antiquités de la Côte-d'Or, t. V, p. 71.

2. Pour les grandes voies, comme celle d'Agrippa, la chaussée se composait de quatre couches : le *stratumen*, formé de grosses pierres, posées à plat ; la *ruderatio*, pierres cassées grossièrement ; le *nucleus*, chaux remplie de tuileaux pulvérisés, ou de sable mélangé de terre glaise; enfin la *summa crusta* , pierres cubiques ou polygonales irrégulières, placées en hérisson, surmontée d'un faible lit de gravier, appelé *glarea*. Pour les voies ordinaires, on n'employait que le *stratumen* ou la *ruderatio*, et la couche supérieure.

suivie, reconnue et parfaitement étudiée vers 1783 par l'ingénieur géographe et antiquaire distingué Pasumot, sous-chef au bureau de la marine. La Société Eduenne, de son côté, n'a pas hésité à admettre l'existence de cette voie [1].

Voici, d'après M. Creusvaux, ancien conducteur principal des ponts et chaussées à Arnay-le-Duc, qui a parcouru notre territoire dans tous les sens, quel était l'itinéraire de cette voie.

Elle se détachait de la voie d'Agrippa à 10 kilom. du Forum d'Autun, près de Dracy-Saint-Loup, et se dirigeait vers la ferme de Vesvrotte; à 1000 m. plus loin, la voie pénétrait dans le pays Arnétois par la vallée du Travoux ou de Bar, qu'elle remontait sur une longueur de 4 kilom. au plus, après avoir traversé, à 2 kilom. après Barnay, la voie n° 6. Puis elle s'infléchissait un peu à l'est, et arrivait sur le plateau de Manlay en passant le long et à l'ouest du bois dit le *Grand Canton*. En ce point la voie se trouvait à 1000 m. à l'ouest du camp du Tronçois, et à 800 m. au plus, des thermes de Versolles. A Manlay, la voie traversait la voie n° 5, venant de Suze et allant à Blanot. Elle passait entre la montagne de Bar, où existait un camp fortifié, et l'ancien château de Marcheseuil, où l'on a découvert, à diverses époques, de nombreux vestiges de

---

1. Voir la carte insérée dans le volume du *Système défensif* de M. Bulliot. Cette voie ne figure pas dans le travail de la Commission des Antiquités de la Côte-d'Or.

constructions gallo-romaines et des médailles du haut Empire, ainsi que des sépultures. C'est à Marcheseuil, au nord-ouest, que la voie d'Alise traversait la voie n° 4, de Maligny à la voie d'Agrippa, par Vianges [1].

De Marcheseuil, le chemin d'Alise se dirigeait presque en droite ligne sur Chauvirey, en laissant, un peu à l'est, à l'endroit d'une ancienne croix, le hameau de Cherchilly [2], où l'on a mis à jour d'importants vestiges de constructions gallo-romaines comme on l'a vu plus haut. De Chauvirey, la voie passait par le hameau de Reuillon, commune de Censerey, par Vouvres, commune de Sussey, où l'on a trouvé des fragments de marbre, des tuiles à rebords, du plomb fondu, du charbon, des débris d'armes en bronze et en fer, et de nombreuses médailles du haut Empire. De là, elle traversait la ferme des *Crais*, à 2 kilom. à l'est de Thoisy-la-Berchère, le moulin Doyen, Ormancey, Mont-Saint-Jean, Charny, Normier, Clamerey, passait à l'est de Braux, à l'ouest de Marigny-le-Cahouet, à l'est de Pouillenay, et pénétrait dans la ville d'Alise par la porte de l'ouest [3].

---

1. Quelques archéologues font passer la voie d'Alise par Bar. Ce tronçon était plus probablement une rectification de la voie d'Agrippa par la plaine.

2. Près de ce chemin, vers le lieudit *La Chaumelle*, existait une pierre longue de 3 mètres environ, oblongue, posée comme une table sur deux blocs. Nous ne savons s'il faut attribuer un caractère hiératique à cette pierre détruite dans ce siècle, ou y voir un bloc erratique.

3. Voir *Répertoire archéologique de la Côte-d'Or*, pp. xxxii

La longueur totale de cette voie était de 71 kilomètres, ou 48 milles romains, et environ 32 lieues gauloises. Il en subsiste encore plusieurs lambeaux en différents endroits. Sa largeur était de 5 m. 30 environ ou 18 pieds romains. La chaussée, autant que les débris ont permis de le constater, était composée de trois couches : le *stratumen*, formé de gros blocs de grès ou de granit du pays ; sur ces blocs existait une couche de béton ou de détritus mélangés de terre ; puis, sur cette seconde couche, se trouvait un pavage en blocs de granit ou de grès provenant de la contrée traversée.

II. — D'après M. Creusvaux, une seconde voie, venant du Morvan dans la direction d'Alligny, passait par Blanot, puis entre Savilly et Bar, près de la *Chapelle des Bois*, qui est bâtie, dit-on, sur les ruines d'un temple païen ; ensuite par Meninthiroux, Manlay, Suze, où il y a la *vie d'Arnay*, Blangey, Arnay-le-Duc, Antigny-le-Château, etc. Cette voie pouvait n'être qu'une voie vicinale ou de traverse.

III. — Une troisième voie, du Mont-Beuvray à Mâlain, passait au sud du finage de Marcheseuil. Elle traversait Lucenay, Les Grands-Jours, Montregard, le bois du Tronçois, le gué de Naillon, Sansanges, près du Fort-es-Bourées, Maizières, Arnay, la ferme de Bize, Cussy-le-Châtel, etc.

---

et XXXIII. — *Mémoires de la Commission des Antiquités de la Côte-d'Or*, t. V, pp. 70 et suiv.

IV. — Une voie, probablement vicinale ou de traverse, de Maligny à Saulieu, se détachait à Maligny de la voie de Châlon-sur-Saône à Sens, par Arnay-le-Duc, passait par La Chaume, territoire de Viévy, Chasson, Magnien, Maizières, Suze, La Rivière, à 500 m. de la bourgade des Grands-Poils ou Poix, à 600 m. de Cherchilly, à peu près dans la direction du chemin actuel de La Rivière à Cherchilly. Cette voie, dont plusieurs parties étaient encore bien reconnaissables, il y a un demi-siècle, gagnait ensuite Vianges, puis Brazey, à 100 m. à l'est, et Liernais, où elle se soudait à la voie d'Agrippa, qu'elle empruntait jusqu'à Saulieu.

V. — La voie cinquième, probablement de traverse, devait avoir son origine à la bourgade romaine nommée encore aujourd'hui la Ville-d'Armançon, située près de la source de la rivière de ce nom ; elle passait par Essey, Clomot, Allerey, Angôte, le gué de Mignard, vers le bois de Buan, les Bordes, Suze, la *vie d'Autun*, Saint-Basile, le gué de Naillon, où elle rencontrait la voie n° III, qu'elle suivait jusqu'à la voie n° I qu'elle empruntait jusqu'à Autun.

VI. — On suppose enfin l'existence d'une sixième voie venant d'Arnay par la forêt de Buan, passant vers la croix Poillot, par le gué de Mignard, le bois des Voroilles, la villa de Folliaz, au-dessus des Bordes, le gué Laté, près du moulin au Prost, puis gagnant Cherchilly et Vianges [1].

---

1. On trouve encore une voie vicinale venant de la voie de

La voie secondaire de Châlon-sur-Saône à Sens ne figure, sur la carte de la Commission des Antiquités de la Côte-d'Or, qu'entre Nolay et Arnay-le-Duc, tandis que cette voie se prolongeait jusqu'à la rencontre de la grande voie de Lyon à Boulogne. M. Carlet la fait partir de Mercurey (Saône-et-Loire), où elle quittait une grande voie et la fait passer à Cheilly, Dezize, Nolay, Aubigny-la-Ronce, Molinot, Jours-en-Vaux, Champignolles, Lacanche, Maligny, Arnay-le-Duc, Blangey, la forêt de Buan, Marcheseuil, Vianges, Brazey, Liernais, tandis que M. Creusvaux la dirige d'Arnay à Beurey-Bauguay, par Jully-Léchenault, commune d'Arconcey, et Ormancey [1].

Remarquons, en terminant, que depuis la grande invasion de l'Empire Romain, au ve siècle, jusqu'au milieu du xviie siècle, aucun grand chemin public n'a été construit en France, excepté la route de Paris à Orléans, commencée en 1556. Quelques ponts furent faits, ainsi que quelques *levées* ou *chaussées*, aux abords de ces ponts; quelques rares travaux de réparation et d'entretien furent opérés,

---

Langres, au sud d'Arnay, passant par Chassenay, où l'on vient de découvrir près de 200 médailles ou effigies de différents princes, d'Auguste à Héliogabale, par Fontaine, le château et la Fontaine des Dames, (ruines gallo-romaines), la source minérale de Maizières, où elle se soudait à la voie de Manlay ou à celle de Suze.

1. Voir la *Description sommaire des quatre grandes voies romaines*, publiée en 1878 par M. Carlet dans les *Mémoires de la Société d'histoire etc., de Beaune*, et la notice sur les *Chaussées Brunehaut*, du même auteur, *ibid.*, année 1879.

de loin en loin, pendant cette longue période de plus de douze cents ans. On peut conclure de ce qui précède que le réseau de nos grands chemins, jusqu'à la moitié du XVIIᵉ siècle, était encore formé, en majeure partie, par les *voies romaines*, réparées et entretenues de temps en temps, et par quelques voies en sol naturel ou itinéraires, imposés par des besoins nouveaux de circulation, ou indiqués par les directions que suivaient les pèlerins, voyageant par troupes, ou par les caravanes de marchands, qui fréquentaient ces foires célèbres, établies, dans diverses localités de la France, pendant la durée du moyen âge.

CHAPITRE IV

ÈRE CHRÉTIENNE. — LA PAROISSE

Le christianisme. — La paroisse. — Les curés. — Église ancienne. — Église moderne. — Presbytère. — Biens de l'ancienne cure. — Fondations religieuses avant 1789. — Croix situées sur le territoire. — Ancienne chapelle Saint-Roch.

L'an 753 de Rome, la vingt-neuvième année du règne d'Octave Auguste, le monde entier obéissait à un seul homme, depuis les déserts brûlants de l'Afrique jusqu'aux bords du Danube et du Rhin, depuis l'Euphrate jusqu'à l'Océan Atlantique, et le poète pouvait convier sans flatterie le Romain à gouverner les peuples :

Tu regere imperio populos, Romane, memento.

Auguste fut assez heureux pour donner son nom à son siècle et pourtant son siècle a été éclipsé par une ère nouvelle, comme une étoile qui pâlit et disparaît en présence des feux du roi du jour.

Cet empereur, croyant travailler pour son compte, ordonna le dénombrement des sujets de son royaume. Il n'était que l'agent inconscient des desseins de Dieu qui gouverne tout, les princes et les peuples, les événements et les hommes.

C'est alors que naquit dans le temps le Fils éternel de Dieu, le Sauveur du monde. Sur son berceau improvisé, les anges chantèrent : Gloire à Dieu dans les hauteurs du ciel, et paix sur la terre aux hommes de bonne volonté. Jésus-Christ sauva tout par lui et par son Eglise. Il sauva la dignité humaine ravalée ; il sauva l'esprit des ténèbres profondes où il se débattait, le cœur, de la corruption honteuse et du vice dégradant, la volonté de l'inertie, de l'impuissance et de la dépravation. Il prit l'homme emmailloté dans les liens du paganisme, le délivra, et, sous les effluves divins de l'amour, le grandit, le fit marcher, à la lumière de l'Evangile, jusque vers les blancs sommets de la vertu, jusqu'aux resplendissants horizons des collines éternelles.

La lutte fut longue. Durant trois siècles, le christianisme eut à combattre le zèle aveugle des prêtres des idoles, les passions invétérées de la multitude, l'orgueil des philosophes, la jalousie des empereurs. La terre fut empourprée du sang des martyrs, qui, semence féconde, multipliait les chrétiens. La lutte de l'Eglise continue à travers les âges sous une forme ou sous une autre. Elle se manifeste encore aujourd'hui. C'est la loi de son existence, car toujours les peuples auront des passions, et les princes seront ombrageux. Malheur à qui se range du côté des persécuteurs et allonge la liste fatale des ennemis du Christ! Heureux les soumis et les fidèles! Ils auront le dernier mot ; car ils sont les disciples de celui qui a dit : Ayez confiance, j'ai vaincu le monde.

Les apôtres et missionnaires de Jésus-Christ parcourent les mers et les continents, les fleuves et les mille voies ouvertes par le génie des Romains. Le brillant langage des Grecs retentit dans les basiliques de l'Orient ; la langue grave de l'antique Latium devient l'organe officiel de l'Eglise. Cette société divine prend sa forme définitive, avec sa constitution, sa hiérarchie, son culte et sa discipline.

Il est bien difficile, pour ne pas dire impossible, de préciser l'époque où nos villages prirent naissance. Du reste, il n'y a pas eu, en général, de création de village proprement dit. Durant la période gallo-romaine, les habitations des vétérans et des colons étaient disséminées de tous côtés et isolées. Peu à peu, des groupes plus compacts se formèrent. On pense communément que la plupart des localités rurales ne datent que des siècles qui suivirent les invasions des Barbares.

La même incertitude existe pour l'origine des paroisses. Pour constituer une paroisse il fallait une certaine agglomération d'habitants chrétiens.

Le village s'est formé généralement autour de l'église, du prieuré ou de l'abbaye, après eux, à cause d'eux, et cela surtout à partir des viiie et ixe siècles.

Un fait historique, incontestable, basé sur le témoignage des Pères de l'Église et même des auteurs païens des premiers siècles du Christianisme, c'est la propagation rapide et simultanée de la prédication évangélique dans le monde entier. La lumière de la foi brilla comme un éclair à travers les ténèbres de l'erreur antique, ou plutôt, ce fut le rayon splendide de l'aurore, présageant le soleil qui devait monter sur l'horizon du monde, blanchissant de sa vive lumière les montagnes et les collines, les cités romaines et les « solitudes de l'Empire, » comme on appelait alors les campagnes gauloises.

Pour la Gaule en particulier, on ne peut guère nier qu'il y ait eu des chrétiens dès le premier siècle. D'autre part, on peut affirmer qu'il y eut des païens jusqu'aux IVe et Ve siècles. Pour s'en convaincre, il suffit de se rendre compte de la méthode d'évangélisation suivie. Les cités, *civitates*, étaient tout chez les Romains. C'est par elles que les apôtres du Christ commencèrent leur mission. Les envoyés de Rome convertirent les patriciens, les magistrats, les ouvriers, les négociants, et créèrent, souvent au prix de leur vie, nos églises diocésaines. C'est la première phalange, celle des Trophime d'Arles, Paul de Narbonne, Martial de Limoges, Denis de Paris, Gatien de Tours, Saturnin de Toulouse, Austremoine de Clermont, Valère de Trèves, Clair d'Albi et de Nantes, Crescent de Vienne,

Pothin et Irénée de Lyon, Bénigne de Dijon, et tant d'autres ouvriers obscurs et oubliés.

Mais en dehors des remparts des villes, attendait la foule des ruraux, des abandonnés, victimes du fisc et de l'invasion. Au ive siècle, surgit un homme puissant en œuvre et en parole, l'apôtre soldat saint Martin, auquel était réservé le rôle de protecteur des humbles et des petits. Saint Martin fit de la démocratie et de la bonne ; il enseigna Jésus-Christ aux ouvriers, aux travailleurs des champs. Le miracle précédait ou suivait sa parole. Aussi le succès fut immense, et la popularité du saint, encore vivante, atteste une vie toute surnaturelle et remplie de prodiges.

La Bourgogne vit l'homme de Dieu, et le pays Eduen lui est resté reconnaissant. « Ici, disait Mgr Perraud, l'éloquent évêque d'Autun, lors de l'érection de la croix monumentale du Beuvray, au mois de septembre 1876, ici, ce grand combattant de la foi, cet évêque en qui se personnifie si bien, au déclin de la société romaine, et presque à l'aurore de notre histoire nationale, la lutte acharnée des deux civilisations, saint Martin est venu frapper un de ses coups les plus décisifs, ruiner tout à la fois le paganisme sincère des populations gauloises et le paganisme officiel de l'administration romaine et dresser avec la croix l'autel de Celui à qui seul il appartient de régner sur les cœurs, parce qu'il est Dieu. »

Au moment où Sulpice Sévère écrivait le récit

des exploits du thaumaturge dans la banlieue d'Autun, c'est-à-dire fort peu de temps après, la foi
avait tellement pris possession de cette région,
qu'on n'y rencontrait plus un seul lieu habité sans
église ou sans monastère [1].

Il fallait, dit M. Lecoy de la Marche, que la religion prît solidement possession de la classe des
paysans avant l'arrivée des barbares. Il fallait,
pour éviter le naufrage complet de la société, que
les Francs trouvassent devant eux, en se répandant
dans les champs de la Gaule, des chrétiens fidèles
et nombreux, qu'ils se heurtassent à la croix comme
le flot de la marée montante se heurte à la digue
infranchissable, et que le Dieu cloué sur cette
croix les attirât jusqu'à lui.

La mission de saint Martin dans nos régions paraît avoir eu lieu vers l'an 377. Le christianisme
étendit rapidement ses progrès et une loi de l'an
408, sous le règne d'Honorius, ordonna la conver-
sion des temples en églises. Dans l'espace d'un
siècle et demi, les campagnes se couvrirent d'un
blanc manteau de clochers et de villages.

La monarchie franque contribua aussi à rendre
la vie aux campagnes. Les Mérovingiens, à l'in-
verse des Romains, abandonnèrent les cités à leurs
comtes et à leurs évêques pour s'installer avec
leur truste dans les anciennes métairies du fisc, devenues le noyau du domaine royal. Protégés par

---

1. *Saint Martin*, par M. Lecoy de la Marche, p. 311.

l'Eglise, princes et peuples sont prêts à recevoir le choc des envahisseurs et à refouler les Barbares.

La nation française, que les Papes ont appelée nation très chrétienne, s'est formée du IVe au VIe siècle. Elle a pour pères et fondateurs d'abord et surtout les évêques gallo-francs, qui ont tenu, pour ainsi dire, sur les fonts du baptême, ce peuple naissant, l'ont pétri avec amour dans la foi chrétienne, comme les abeilles composent leur ruche, suivant une image gracieuse tirée d'un auteur de la vie de saint Ouen ; puis des chefs politiques et militaires, parmi lesquels brille Clovis, qui, sous la direction éclairée et bienfaisante de l'Eglise, ont su régner sur les diverses populations de la Gaule, et unir ces éléments disparates en un corps de nation forte et puissante [1].

Dès le règne des Antonins, au IIe siècle, le Christianisme avait commencé à pénétrer lentement toutes les couches sociales, et non pas seulement celle des petites gens et des déshérités de la fortune, comme on l'avait cru jusqu'ici. Une révolution religieuse se prépare dans le vieux monde romain. Le travail est latent durant les trois premiers siècles ; viendra un jour où la face de la terre sera changée. Les cités auront d'autres directeurs, les conciles remplaceront les *concilia*, assemblées de Rome et d'Auguste ; les évêques, devenus des défenseurs, *defensores*, seront substitués aux flamines, prêtres

---

1. Voir Lecoy de la Marche, *La Fondation de la France.*

et magistrats; les cités seront des diocèses, les provinces, des centres métropolitains. Cet état de choses sera la conséquence de l'édit de Milan, 312, par lequel Constantin proclama la paix de l'Eglise.

L'Evangile fut d'abord annoncé, nous l'avons vu, dans les grandes villes, puis se répandit, à la longue dans les campagnes, dont les habitants s'appelaient encore *pagani*, qui signifie également païens, ou étrangers à la foi et paysans.

Saint Andoche et saint Thyrse avaient, dès le ii° siècle, porté la bonne nouvelle non seulement à Autun, mais encore dans les campagnes voisines, où le nombre des fidèles allait croissant. Le territoire de Marcheseuil se trouvant situé entre Autun et Saulieu, non loin de plusieurs voies romaines, il peut se faire que ses premiers habitants aient été instruits, de bonne heure, des vérités de notre sainte religion.

Sur le même plateau qui portait l'ancien château de Marcheseuil, probablement berceau du village, au-dessus d'une fontaine, vouée peut-être au culte païen, appelée aujourd'hui fontaine Saint-Marcel, patron de la paroisse, on construisit une église, qui abrita nos pères dans la foi, et autour de laquelle furent déposés leurs restes mortels.

Le service religieux de la paroisse de Marcheseuil fut procuré naturellement par le chapitre de la cathédrale d'Autun, qui avait le titre de seigneur de ce village. Les documents nous font défaut pour recruter les noms des curés antérieurement au xv° siècle.

Les chanoines d'Autun jouissaient, dès le xiii° siècle, du droit et du privilège de posséder des cures sans obligation de les desservir eux-mêmes, et de résider, droit dans lequel ils furent maintenus par le pape Clément VII [1].

Regnard Regnault, prêtre, notaire à Suze, figure dans une vente faite par Guyot, de la Rivière, le 23 octobre 1433 [2]. Souvent, au moyen-age, les curés exerçaient la fonction de notaire (1433).

Martin Mongeot, vers 1450 (1450).

Jean Jacob, précédemment curé de Brazey, est institué le 14 décembre 1453, curé de Marcheseuil, par permutation avec Martin Mongeot. Il fait le 12 janvier 1468 un certificat relatif à une amodiation [3] (1453-1468).

Gilbert Pelletier est curé de Marcheseuil le 3 avril 1500, comme on le voit dans l'acte de fondation de cette date [4] (1500).

Claude Durand, figure comme vicaire dans le même document.

François Martin, vicaire de Marcheseuil, est mentionné dans un retrait féodal exercé par Jacques de Bouton, écuyer, seigneur du Thillot, de trois journaux de terre situés au finage de Suze, au lieu dit *Au Carret*, sur le dit Martin, qui les avait acquis

---

1. Cartul. de l'Eglise d'Autun, Introd. xxxiii.
2. Archives de la Côte-d'Or, G. 173.
3. Archives de Saône-et-Loire G. Fonds du Chap. de l'église cathédrale d'Autun.
4. Voir plus loin les *Fondations religieuses*.

de Chrétien, de la Rivière, moyennant trois livres, retrait de l'année (1515) [1].

Etienne Poillot, chapelain de Suze, fait une déclaration en 1550 [2].

Pierre Grillet, prêtre religieux et sacristain de Saint-Symphorien-les-Autun, est mentionné comme curé de Marcheseuil dans un terrier de la seigneurie de Suze, appartenant au chapitre d'Autun en 1556. Il était encore curé en 1560 [3]. En août 1581 il fut pourvu par le Saint Siège du prieuré de Saint-Racho à Autun (1556-1581).

Noël Duvernoy est cité dans la même pièce de 1556, comme vicaire résidant à Marcheseuil. En 1589, on trouve encore Noël Duvernoy, prêtre, demeurant à Marcheseuil (1589).

Gabriel Courtois, vicaire de Marcheseuil, figure dans un jugement rendu le 4 mai 1601, en la justice de Suze, entre les seigneurs de la cathédrale et le dit vicaire, qui donne acte de ce qu'il a déposé au greffe de la dite justice toutes les déclarations qu'il a reçues sur la publication faite en l'église de Marcheseuil du Monitoire obtenu par les seigneurs, touchant les ruine et démolition du château de Suze [4] (1601).

Claude Febvre, chanoine de la cathédrale d'Autun, curé de Marcheseuil, est invité par Antoine de

---

1. Archives de Saône-et-Loire. Ibid.
2. Ibid.
3. Ibid.
4. **Ibid.**

Sauldon et Péronne de Marcheseuil, son épouse, à accepter le legs de 1000 livres fait par Claude de Marcheseuil, oncle de Péronne. Cet acte est du 7 mai 1633 [1] (1633).

Philibert Guenot rédige et signe les actes de l'état religieux qui commence en 1648. Il gouvernait même la paroisse en 1644 puisque le 19 juillet de cette année, il fait une transaction avec François Maucouret, curé de Vianges [2]. Il mourut à l'âge de 69 ans et fut enterré, le 1er juillet 1682, par Lazare Vestu, curé de Manlay.

On lit au registre, à l'année 1681 : « Philibert Guenot, curé de Liernais, âgé de 28 ans, après quatre ans de philosophie et autant de théologie, a été enterré en présence des curés de Manlay, Vianges, Bar, Villiers, Saint-Martin-de-la-Mer, à la réquisition de Philibert Guenot, curé de Marcheseuil depuis 40 ans. » Ce curé de Liernais était probablement le neveu de l'abbé Guenot. Celui-ci étant mort l'année suivante, en 1682, exerça donc le ministère paroissial à Marcheseuil durant au moins 38 ans (1644-1682).

Toussaint Roux signe les actes de juillet 1682 à mars 1686. Il fut probablement changé, car il n'est pas question de sa mort (1682-1686).

Etienne Lavernet figure depuis le 14 avril 1686 jusqu'à la fin de 1709 [3] (1686-1709).

---

1. Arch. de la Côte-d'Or, G. liasse 612.
2. Ibid.
3. Un Jean Lavernet figure au xvi⁰ siècle, comme procu-

Claude Gaucher dit, dans une note, qu'il fut installé la 1er juillet 1710. Il dut quitter la paroisse vers la fin de 1721 (1710-1721).

Claude Laurin apparait vers décembre 1721, et signe jusqu'en 1742.

Un accord fut fait, en 1739, entre ce curé et les habitants, à propos du chant du *Stabat*, les mercredis et vendredis des Carêmes [1] (1721-1742).

Pontus Baudoin signe au registre depuis le commencement de l'année 1744 jusqu'à sa mort en 1772.

Le 16 juillet 1771, M. Pontus Baudoin, curé de Marcheseuil, amodie au sieur Martial Guenot, marchand-fermier des revenus de la prévôté de Marcheseuil et dépendances, demeurant à Suze, paroisse de Marcheseuil, toute la dîme de grains qui lui appartient dans le village et finage de Cherchilly, paroisse dudit Marcheseuil, et dans une partie du finage de Vianges, ensemble toutes les novales qui appartiennent au sieur curé, à raison de quinze gerbes l'une [2].

C'est sous l'administration de ce curé que l'église fut rebâtie, en 1769.

L'abbé Baudoin mourut à l'âge de 58 ans et fut enterré, le 1er avril 1772, dans le sanctuaire de l'église, du côté de l'épître (1744-1772).

---

reur de la commune d'Autun. Un Lavernet était notaire en 1663.

1. Archives de la Côte-d'Or. G.
2. Archives de la Côte-d'Or. G. 173.

Durant l'intérim de 1772 à 1773, on voit : Toussaint, dessservant, Chapuis Jacques, desservant, le P. Constantin, capucin d'Arnay, Sauvageot.

Nicolas Lecomte, curé de Thil-sur-Arroux depuis 1742, fut installé le 5 juillet 1772.

En 1773, l'abbé Lecomte, trouvant que la cure n'était pas en assez bon état, voulut la faire reconstruire. La communauté de Marcheseuil, qui avait fait quelques années auparavant de grandes dépenses pour la reconstruction de son église, s'y opposa énergiquement. La lutte s'envenima : les paroissiens en appelèrent à l'intendant, le curé à l'évêque. L'abbé Lecomte cessa même de desservir la paroisse. Le conflit dura trois ans, au bout desquels le curé finit par l'emporter, et la cure fut rebâtie en 1775[1].

M. Nicolas Lecomte, curé de Marcheseuil, en conséquence de l'édit de 1768, abandonne à perpétuité, tant pour lui que pour ses successeurs en la dite cure, à MM. les vénérables doyen, chanoines et chapitre de l'église d'Autun, gros décimateurs de la paroisse de Marcheseuil, toutes les dîmes, fonds du patrimoine de la dite cure de Marcheseuil ainsi que toutes le novales, sans aucunes réserves que celles des fonds chargés de fondations et obits[2].

A cette époque on fait beaucoup de sépultures dans l'église. Les curés sont alors résidants et il n'y a plus de vicaires.

---

1. Archives de la commune de Marcheseuil.
2. Arch. de la Côte-d'Or. Ibid.

L'abbé voyageur historien du duché de Bourgogne, Courtépée, né à Saulieu, étant à Arnay-le-Duc chez son ami l'abbé Guy Bouillotte, visita Marcheseuil et Bar le samedi 6 septembre 1777. Il raconte que le curé lui procura la notice de sa paroisse. « Le voisinage de la montagne de Bar attira mes pas jusqu'au sommet, où je vis l'enceinte bien marquée d'un camp et d'un ancien château, au sud. Au nord, est la chapelle bâtie par MM. de Mauroy... Ce fut jadis la retraite des *Bardes*, poètes et musiciens gaulois[1]. »

Le dernier acte signé par l'abbé Lecomte est du 16 janvier 1781. Il n'est pas question de sa mort (1772-1781).

Jean Bouhéret signe plusieurs actes de 1780, en s'intitulant tantôt desservant, tantôt vicaire à Marcheseuil.

Georges Lecomte, peut-être parent du précédent Lecomte, prend possession le 29 janvier 1781. Il était né à Autun. Il prêta serment à la constitution le dimanche 30 janvier 1791. On le voit signer les actes jusqu'en décembre 1792. Il devint officier public, membre du conseil général de la commune, rédigea les actes jusqu'en mars 1794. Il se retira à La Rivière, hameau de Marcheseuil, où il baptisait les enfants, et recevait les fidèles qui avaient besoin de son ministère.

---

1. *Voyages de Courtépée dans la Province de Bourgogne en 1776 et 1777*, publiés dans les Mémoires de la Société Éduenne, Nouv. série, t. XXXI, p. 77.

L'abbé Georges Lecomte mourut le 16 germinal an V (1796), à l'âge de 70 ans (1781-1796).

Dans le courant de l'an VIII (1799) le registre est signé: Philibert Thibaut, curé de Savilly, Jean-Gabriel Chancelle, religieux, ministre du culte catholique, Philibert Morot, curé de Voudenay, Vivant Roullet, curé de Bar.

Laurent Debouvan est curé de Marcheseuil en mars 1801.

On lui céda une chambre et un cabinet dans la cure, habitée par le fermier et l'acquéreur de cet immeuble.

En l'an XII, ce curé percevait 266 fr. 66 du gouvernement. Le conseil municipal vota un supplément de 400 fr.; la commune de Manlay en fit autant. A partir de la Révolution, la tradition fut interrompue à Manlay jusqu'en 1846. Cette paroisse fut desservie par les curés de Marcheseuil jusqu'à l'abbé Dubois inclusivement.

L'abbé Dubouvan fut changé en 1806 (1801-1806).

Pierre Portalier figure en août 1806, est changé en 1808 (1806-1808).

Claude-Élisée Lejeune apparaît en mars 1808, et fait un assez long séjour.

Il écrit au registre, à l'année 1815 : « La paroisse de Marcheseuil a été occupée du 25 juillet au 22 septembre par différents détachements de troupes hongroises, autrichiennes, prussiennes, russes, anglaises, wurtembergeoises. Le pays a souffert considérablement par les réquisitions qu'on y a faites. La moitié du pays de Cherchilly a été incendiée, le 8 septembre, par la négligence d'une femme. »

On lit à l'année 1816, la *chère année* : « Jamais année n'a été plus malheureuse. Les pluies ont été très abondantes, et ont duré depuis le commencement de mai jusqu'au 30 novembre. Il n'a fait cette année aucune chaleur. Les gelées se sont faites à bonne heure. On n'a point récolté de grains ; après avoir ramassé le peu d'épis qui sont venus, on a fauché dans les champs comme dans les prairies. Le blé s'est vendu, au commencement de la moisson, le double décalitre, c'est-à-dire 30 livres pesant, 8 fr. 10 la mesure. Il s'est formé des bandes de voleurs en grande quantité. Les honnêtes gens et ceux qui avaient quelque chose à perdre voyageaient avec la plus grande crainte et les plus grands dangers. »

A la date de 1818 : « Les troupes alliées ont évacué le territoire français le 30 novembre 1818, après y avoir séjourné trois ans. Elles étaient au nombre de 150,000 hommes, placés dans les provinces du Nord. »

L'abbé Lejeune mourut le 25 février 1834 (1808-1834).

François Gagey remplaça l'abbé Lejeune en 1834 et quitta la paroisse en octobre 1837, pour devenir aumônier du Lycée de Dijon (1834-1837).

Louis-Etienne Beney, curé de Marcheseuil en 1837,

est nommé curé-doyen de Liernais à la fin de 1838
(1837-1838).

François Scordel fut installé au commencement
de 1839, et quitta ce poste la même année (1839).

Denis Dubois apparaît en novembre 1839, est
nommé, au commencement de l'année 1847, curé
de Laroche-en-Brenil, puis curé-doyen d'Arnay-le
Duc (1839-1847).

Pendant une partie de l'année 1847, l'abbé Jac-
quemin, ancien curé de Jouey, retiré à Blangey, fit
le service paroissial de Marcheseuil.

Sulpice Poirotte prit possession de la cure de
Marcheseuil vers novembre 1847 ; il devint curé
de Lux en 1852. (1847-1852)

L'abbé Barrot, curé de Bar, et l'abbé Colas, curé
de Manlay, desservirent Marcheseuil durant les
années 1852 et 1853.

Pierre Pillon fut installé le 13 septembre 1853.
Il est encore titulaire (1853).

L'église de Marcheseuil nous apporte un exemple
de ces cas très fréquents, au moyen-âge, de sanctuaires chrétiens établis à la tête d'une source, pour
la sanctifier. A toutes les époques, les sources ont
été environnées d'un religieux respect, parce qu'elles
sont un don de la munificence du Créateur : *sacri
fontes*. Le paganisme leur rendait un culte. Le
christianisme transforma ce culte en y plaçant un
monument pieux, une église, une chapelle, une
croix, une statue de la Vierge ou d'un saint. Ces

fontaines prirent souvent le nom du titulaire de l'édifice religieux. Ici, c'est la fontaine Saint-Marcel.

L'église et la paroisse de Marcheseuil eurent toujours, à notre connaissance, pour patron, saint Marcel, le jeune apôtre et martyr de Châlon-sur-Saône. Le culte de saint Marcel fut répandu, vers le VIe siècle, dans toutes les contrées de l'ancien royaume de Bourgogne [1]. Le roi Gontran bâtit plusieurs églises en son honneur.

Cette paroisse possédait autrefois une église gothique, qui devait offrir un véritable intérêt, à en juger par ce qui nous en reste.

Cet édifice datait du XIIIe siècle, de la bonne époque. C'est à ce moment qu'on voit apparaître la communauté, *communitas*, désignant un groupe de paysans. Alors seulement, ou peu avant, les habitants de la *villa* ou de la *mark* s'associent pour jouir ensemble de certains privilèges [2].

Un rapport inséré dans les Mémoires de la Commission des Antiquités de la Côte-d'Or porte à ce sujet: « Eglise dont il ne reste d'ancien qu'un clocher placé jadis sur les transepts et qui occupe maintenant l'entrée d'un nouveau temple. Ce clocher se recommande par la travée formée dans sa base, et où l'on voit les amorces des anciens transepts : les nervures de la voûte reposent sur des pilastres, dont les chapiteaux sont vigoureusement

---

1. *Acta Sanct.* II, p. 91.
2. *Questions historiques,* par M. Fustel de Coulanges, p. 57.

travaillés en feuilles et en crochets du XIIIe siècle. »

Ces chapiteaux et architraves, engagés dans les murs, sont attribués à la fin du XIIe et au commencement du XIIIe siècle.

Plusieurs personnes, notamment M. Grenier, architecte à Châlon-sur-Saône, se refusent à voir un transept dans cette travée. Ils pensent que c'était un porche ouvert sur ses quatre faces, dont l'une formait l'entrée de la nef.

En effet, de larges et profondes excavations, destinées à recevoir la barre de fermeture en bois, existent encore à cette porte.

Il est dit dans un procès-verbal de visite épiscopale de l'année 1671 : « Le clocher est au devant de la grande porte étant au pignon, du côté d'occident, de pierre, sur une voûte, dans lequel il y a deux cloches [1]. »

Le même procès-verbal renferme quelques autres détails que nous croyons utile de reproduire. L'évêque constate la possession des reliques de saint Honoré, de saint Thibaut, dont un petit reliquaire, que le curé porte en procession. Un tableau carré sur l'autel et deux images en relief, assez bien faites. Point de sacristie. Quatre chandeliers de bois tourné et blanchis sur le maître-autel. Autel de N. D. avec deux chandeliers de cuivre. Autel de saint Barthélemi, avec deux chandeliers en bois tourné. La maison curiale consiste en deux petites chambres,

---

1. Archives de Saône-et-Loire. G.

et une petite cuisine ou boulangerie. Quatre-vingts communiants ; nul scandale, tous les paroissiens ont fait leur devoir pascal. Point de maître d'école; un oratoire en la maison de Saint-Ladre à Suze.

Dans la même visite de 1671, l'évêque signale l'existence de la confrérie du Saint-Sacrement, établie par Monseigneur de la Magdelaine de Ragny, évêque d'Autun, dans la première partie de ce siècle. Cette confrérie est mentionnée et confirmée dans une visite épiscopale de juin 1698 : l'exposition et la bénédiction du Saint Sacrement devait avoir lieu tous les troisièmes dimanches du mois.

Il y avait aussi, à Marcheseuil, d'après le document de 1671, et d'après une déclaration faite le 12 mai 1690 par Lavernet, curé de cette paroisse, une confrérie de saint-Barthélemi, qui existait de temps immémorial. Il est dit qu'au jour de cette fête « il se fait une aumône de la charité des confrères, auxquels ensuite le bâtonnier donne à disner à ses frais, et le lendemain, il se fait un service pour le repos des fidèles trépassés, où les dits confrères ou partie d'iceux assistent. » Une lampe était entretenue devant l'autel de saint-Barthélemi [1].

Une pièce du 4 janvier 1742, déposée aux archives de la Côte-d'Or, fait mention d'un droit de siège

---

1. Archives de la Côte-d'Or. — Le culte de saint Barthélemi était très répandu au moyen-âge, particulièrement dans l'Autunois. On invoquait ce saint pour être préservé de la foudre. En plusieurs pays, au jour de sa fête, on faisait bénir le bétail, comme aux fêtes de saint Roch et de saint Renobert.

vers la balustrade de l'autel de la Sainte Vierge, et de la sépulture en l'église, en faveur de Jean-Baptiste Thiroux [1], bourgeois à Suze et Claudine Valtat, son épouse.

Dans la visite de 1671 et dans une autre de 1702, on prie l'évêque de réduire le cimetière derrière le chœur de l'église d'environ sept pas de largeur et dix de longueur du côté du jardin de la cure.

Dans le procès de visite épiscopale de juin 1698, l'évêque ordonne « des réparations à la grande porte de la tour du clocher, de raccommoder la grille du côté de la cure, et poser une autre croix au cimetière. »

On voit, dans le grenier du presbytère, plusieurs statues dont quelques-unes mériteraient un meilleur sort, surtout un saint évêque, en marbre blanc, bien traité. On reconnaît un saint Barthélemi, un saint Sébastien, un évêque, une sainte : ces statues sont en bois et détériorées.

Le 18 brumaire an II, Jean Moreau, membre du comité de révision des certificats de civisme chargé d'enlever tous les ornements « *scandaleux* » d'or et d'argent qui se trouvent dans les temples et édifices du canton de Marcheseuil, fait l'inventaire suivant : « Un calice, en argent ; une patène, aussi en argent ; un ostensoir ou soleil, en argent ; un ciboire, en argent ; une petite croix, en argent ; un

---

1. La famille Thiroux, d'Autun occupa des charges importantes dans le barreau et dans l'armée et produisit Dom Jean Thiroux, bénédictin, un des auteurs du *Gallia Christiana*.

petit portatif, en argent. » — A la même époque, une des cloches fut descendue et sacrifiée à la patrie[1].

L'église actuelle de Marcheseuil date de 1769. On a conservé la travée gothique qui porte le clocher.

Ce clocher avait à peu près 30 mètres d'élévation. La flèche était en bois, y compris la couverture. L'assemblage devait être ancien, vu son état de détérioration. La tour était percée d'une fenêtre romane à chaque face.

En 1893, la commune, disposant de quelques ressources, résolut de les affecter à la restauration de son clocher. Elle y consacra presque 10,000 francs. M. Grenier, architecte à Chàlon-sur-Saône, a réussi à donner à l'édifice une physionomie vraiment artistique.

La tour a aujourd'hui 17 mètres; elle a été couronnée d'une balustrade gothique [en pierre dure, de 1m10 de hauteur, avec pilastres et pinacles de 1m40 aux angles. Les anciennes fenêtres ont été remaniées heureusement, et très développées, formant l'ogive. En outre, une vaste et belle rosace à six trèfles orne la façade principale. Les contreforts, très élancés, ont reçu un revêtement appareillé en ciment. On a dessiné des angles saillants également en ciment, poussé des moulures gothiques, formant archivolte, au-dessus de la porte.

La flèche a été démolie entièrement, et rempla-

---

1. Archives de la Côte-d'Or. Q. I.

cée par une belle aiguille de 13 mètres de hauteur, couverte en ardoises, surmontée d'une riche croix de 3 mètres avec coq doré. Cette flèche est à six pans ornés chacun d'un louvre gothique.

Le beffroi contient deux cloches. L'une, fondue en 1849 à la place d'une cloche brisée, pèse 875 kilogrammes ; elle développe 1ᵐ15 de diamètre et donne, en conséquence, le *mi* affaibli. Voici son inscription : « J'ai été bénite par M. Poirotte, curé de Marcheseuil, M. Guenot-Teureau étant maire, mon parrain, M. Repoux, maire de La Commelle, marraine, Irma de Monard, née Lhomme-Mercey, Mollot, fondeur à Dijon. » L'autre a 1ᵐ04 de diamètre, doit peser approximativement 650 kilogrammes et donner le *fa* dièze. Elle porte en caractères gothiques l'inscription suivante :

+ I H S. *Maria S͠acte Marcelle, S͠acta Barbara, orate pro nobis. Da Barbe de Marshseux ma. Mil Vͨ LXX.* Les mots *Da* et *ma* doivent être des abréviations de dame, ou demoiselle et de marraine. Nous retrouverons plus loin dame Barbe de Marcheseuil.

L'église forme un carré long, sans décoration architecturale. Le plafond, en bois, est plat et uni. Elle mesure 15ᵐ15 de longueur dans œuvre, le chœur non compris ; 9ᵐ68 de largeur, 6ᵐ08 de hauteur sous plafond. Le chœur, moins large et moins élevé que la nef de l'église, forme un hémicycle très allongé, surmonté d'une voûte en plein cintre, peinte en bleu de ciel avec étoiles. C'est en

1842, sous l'abbé Dubois, qu'on agrandit le sanctuaire.

Le maître-autel, en pierre, la chaire à prêcher, en bois, les fonts baptismaux, le chemin de la croix, le meuble de la sacristie, le banc affecté au lutrin, datent de la même année 1842. Deux autels latéraux, en bois, avec retable, sont appliqués au mur à l'extrémité de la nef, l'un sous le vocable de la Vierge, l'autre dédié à saint Marcel, patron de la paroisse. Les anciens fonts, à gauche de la porte principale, ainsi que le grand bénitier de la porte latérale, avaient été pratiqués dans l'épaisseur du mur. De gracieuses statues de N. D. de Lourdes, du Sacré Cœur de Jésus, et de saint Joseph, placées au fond du sanctuaire, ont été bénites solennellement par Mgr Lecot, alors évêque de Dijon, en tournée pastorale, le 4 mai 1887. Un calvaire monumental, sorti des ateliers de Vaucouleurs, don d'une personne pieuse, surmonte la porte latérale, le Christ est en métal peint, couleur de chair, la Vierge et saint Jean sont en terre cuite polychrôme ; les expressions de ces statues sont très belles. Ce calvaire a été inauguré en 1890. Le lustre de la nef a été acheté en 1867. Le sanctuaire est orné d'une lampe très riche. En 1890, on a exécuté des bancs neufs. Aujourd'hui, par suite de peintures récentes, l'église de Marcheseuil présente un vrai cachet de propreté et de décence.

Le cimetière de Marcheseuil, d'une forme très irrégulière, est situé autour de l'église. Toute la partie nord, depuis la sacristie jusqu'à l'extrémité sud, fut ajoutée en 1842. A la même époque, l'abbé Dubois désigna, pour la sépulture des enfants morts sans baptême, l'espace compris entre le chœur de l'église et la porte orientale du cimetière.

Le presbytère, contigu au cimetière, est d'une grande simplicité. Il se compose de cinq pièces, séparées par un corridor communiquant de la cour située à l'ouest au jardin placé à l'est et au nord. Les dépendances, construites au nord de la cour, sont de 1842. Primitivement, la cure de Marcheseuil présentait une tout autre disposition. La cour se trouvait au levant, à côté de la sacristie, et les dépendances, à l'endroit du puits actuel. On y accédait par un chemin, venant du côté de l'ouest, tracé entre le cimetière et la cour moderne, qui était alors un jardin. Le jardin de l'instituteur faisait autrefois partie de celui de la cure; il en fut distrait pendant la Révolution, puis, racheté par la commune, pour l'usage de ce fonctionnaire.

Le curé Lauvin se plaint, le 11 novembre 1739, de ce que le terrain, du côté de l'occident de la cure, est plus élevé que le carrelage des chambres, et y établit l'humidité. Les habitants lui accordent une terre communale environnant le presbytère, de la semence de deux ou trois mesures d'Arnay afin de faire porter les murs plus loin, et « éloigner la canaille qui volait le dit le curé. [1] »

---

1. Archives de la Côte-d'Or, G. liasse 612.

La cure de Marcheseuil fut aliénée en l'an **VI** de la République, et devint le logement du fermier de l'acquéreur. Le 10 mai 1806, le conseil municipal, dans une délibération, considérant l'état de choses d'une cohabitation de ce fermier et du curé, dans le presbytère comme anormal, amodia la cure tout entière, pour l'usage du desservant. Plus tard, la commune acheta cet édifice, pour l'affecter à sa destination actuelle.

Nous trouvons dans une copie du terrier de l'ancien chapitre d'Autun, de l'année 1556, copie déposée aux archives de la commune de Marcheseuil, quelques données, pour l'évaluation approximative des revenus de la cure de cette paroisse, avant la Révolution.

Ce terrier mentionne l'existence d'un curé et d'un vicaire de Marcheseuil : le curé n'était pas résidant. Voici le passage relatif au curé :

« Vénérable et religieuse personne, messire Pierre Grillet, prêtre, religieux, et sacristain de l'abbaye de Saint-Symphorien-les-Autun, et curé de Marcheseuil, déclare et confesse tenir, porter et posséder, en la totale justice, haute, moyenne et basse, des vénérables doyen, et chapitre de l'église d'Autun, à cause de leur terre, et seigneurie de Suze, de Marcheseuil, Manlay, et dépendances, les terres, preys et autres héritages, tant de l'antien héritage et domaine de la dite cure, que par fondation faite par les paroissiens... »

Le cahier spécifie environ quarante-deux journaux de terre.

Dans un autre passage, il est question des *Prés de Bar*, qui appartiennent au curé. Ne sont pas mentionnés les biens de fondations. Il est probable que le curé possédait encore d'autres propriétés, non sujettes à la seigneurie du chapitre.

Les redevances sont stipulées en ces termes :

« Sur lesquelles héritages, le sieur curé, reconnaissant, confesse estre tenu envers les dits sieurs, vénérables doyen, et chapitre de l'église d'Autun, à comparaître chacun an, le jour Saint-Bonnot, en l'église du dit Marcheseuil, en plaid général qui se tient le dit jour, pour les dits sieurs vénérables, par leur juge et chastelain des dits lieux, et par devant le dit juge et chastelain et autres, leurs officiers, répondre le mot de sire quand il est appelé à son tour aux peines de défaut, qui vaut vingt deniers...

« Outre lesquelles charges, le susdit confesse devoir et promet payer chacun an aux dits sieurs le dixme des terres et héritages cy-dessus, et celles qui sont de fondations seulement, qui est de douze gerbes l'une, en temps de moisson. »

Un autre passage spécifie la même déclaration de dépendance du vicaire et mentionne comme propriété à lui appartenant : deux chapts de maisons, avec plusieurs dépendances, six ou sept journaux de terre et trois soitures de pré. Pour les redevances, elles sont les mêmes que celles du curé.

En outre, il doit payer le droit d'agnelage, un agneau sur quinze, donner un boisseau chaque année, pour le droit d'usage aux bois de Buan, et pour le droit à la rivière, droit de pêcher. Un peu avant la Révolution, le 12 juillet 1787, l'abbé Lecomte consent à un bail à ferme de terres et de prés appartenant à la cure, moyennant 155 livres par an, six poulets, six livres de beurre et 300 fagots [1].

Le 4 juin 1789 fut passé un bail des dîmes et novales de la cure de Marcheseuil, moyennant 520 livres par an; en outre, des prés et chènevières s'évaluaient à 51 livres de revenu.

Dans le même document, l'abbé Lecomte déclare que son bénéfice peut valoir 1620 livres [2].

L'abbé Bredeault, dans son supplément manuscrit à Courtépée dit : « Marcheseuil. La cure est évaluée à 40 livres dans le pouillé de 1574, 1500 livres sur la fin. »

Le 18 février 1791, au directoire du district d'Arnay-le-Duc, les biens de la cure, consistant en environ 53 journaux et demi de terres labourables, un demi journal de chènevière, 16 soitures de prés, furent délivrés à MM. Lhomme et Guenot, moyennant 24,100 livres.

Le 20 septembre de la même année, les biens de la fabrique [3], consistant en environ deux journaux

---

1. Archives de la Côte-d'Or.
2. Ibid.
3. Ibid. C. I.

6

de terres, furent délivrés à M. J. B. Fèvre, maire de Marcheseuil, moyennant 160 livres [1].

Il y a aux archives de la Côte-d'Or une liste de fondations religieuses qui furent établies dans l'église de Marcheseuil à différentes époques, et qui furent entretenues, pensons-nous, jusqu'à la Révolution. Nous la donnons ici.

I. — Par un acte du 3 août de l'an 1500, Philibert Michon l'ancien, et Philibert Michon le jeune établirent une fondation, consistant en pré et en terres en faveur de Gilbert Pelletier, curé de Marcheseuil. Les charges sont : quatre messes basses à perpétuité, et le *Salve Regina* à la fin, chaque vendredi des Quatre-Temps ; un *Libera me* tous les dimanches de l'année, lequel sera chanté en note sur la sépulture des dits Michon [2].

---

1. Ibid.

2. L'an mil cinq cent, le troisième d'Aost, nous Philibert Michon l'antien et Philibert Michon le jeune, cousins germains, de nos certaines sciences, et aussi pour le remède des âmes de nos parents et amis trépassés, et aussi pour le remède de nos âmes, baillons, cédons, quittons, transportons et délaissons perpétuellement, pour nous et nos hoirs présents et advenir, à l'église de Marcheseul, à toujours mais, les choses ci-après descriptes, assavoir, six gros de rente annuelle et perpétuelle à nous dehus par les héritiers de feu Guiot Girardin, chacun an, perpétuellement, assignés et assurés sur une soiture de pré ou environ, au lieu dit *Es Aprées*, dessoubs la ville de Marcheseul, tenant du long et du bout debsous à messire Albert de Marcheseul, chevalier, d'autre long à Jean Caillet l'antien, sauf ses autres meilleurs confins ; item, demy-journal de terre, au lieu dit *En Ravery*, tenant du long et du bout dessoubs de l'église, de l'autre long, à Jean Pierre, du bout dessus, au chemin tendant du dit Marcheseul à Chauvirey ; item, un autre demy-journal de terre, au lieu dit *Es Espe*.

II. — Fondation d'un *Libera* chaque dimanche, avant ou après la messe, avec collecte ; une messe à chacun des Quatre-Temps ; après chaque messe un *De profundis* sur la sépulture de Jeannétte Maulcourct, de La Rivière. Cette fondation, consistant en prés et pièces de terre, est **du 5 septembre** 1559.

III. — Une messe basse tous les vendredis avec *Libera me* pour Emiland Laurent, de Cherchilly, fondation faite en faveur de Pierre Grillet, secrétain de Saint-Symphorien-les-Autun, curé de Marcheseuil, en date du 7 septembre 1563.

IV. — Fondation d'une messe basse le jour de

---

noltes, tenant du long et du bout dessus à la dite église, et de l'autre long, à Clément Caillet, du bout dessoubs, à Pierre Martin, de la Rivière ; moyennant et réciproquement vénérable et discrète personne messire Gilbert Pellethier, prestre, curé de la dite église de Marcheseul, promet dire et faire dire à toujours mais perpétuellement par lui et ses successeurs advenir, quatre messes basses, tout et chacun an, assavoir, à chacun quart d'un an, une des dites messes, avec *Salve Regina*, et à la fin desquelles messes un *Libera me*, et seront dites et célébrées les vendredis des Quatre-Temps... conduire, défendre et en payer, faire tenir les dites rentes et **terres dessus** dittes, franchement et conjoinctement à la dite église, et le dit curé promet dire et accomplir les choses dessus **dittes, et lesquelles parties sont contentes, promettent, etc., obligent, etc.,** renoncent, etc. Présents : Noble seigneur messire **Albert** de Marcheseul, chevalier, messire **Claude Durand**, prestre, vicaire du dit lieu, **Denis Maulcoret** et **Laurent Caillet** et autres témoins requis, les an et jour dessus dits. Signé : **P. curé,** et le notaire.

Collation faite par les soussignés, notaires royaux d'Ostun, à l'original étant es mains de noble **Loys de Marcheseul**, auquel ledit original a été rendu le 19ᵉ jour de febvrier mil **six cent vingt-deux, et a signé Tissier, notaire, et L. de Marcheseul.**

Saint-Jean-Porte-latine par Jean Lardillon, avocat, demeurant à Arnay-le-Duc, seigneur en partie de Cherchilly; le fondateur cède une pièce de terre. Cet acte est du 26 octobre 1671.

V. — Fondation d'une messe basse et d'un grand *Libera me* le dixième jour d'avril pour Jean Roydot, marchand à La Rivière, par sa veuve Jeanne Flachot, moyennant une pièce de terre, fondation du 19 juin 1672.

VI. — Le 17 mai 1633, dom Claude de Marcheseuil, religieux à Cluny, fait la fondation suivante : services des vigiles des morts, trois grand'messes, une messe basse, et un *Libera me* après le service ; une autre messe basse le lendemain des fêtes de la Purification, de l'Annonciation, de l'Assomption, et de la Nativité de Notre-Dame, avec un *Libera* à la fin des messes.

Mentionnons quelques croix tombées en ruine durant ce siècle : 1° une croix en pierre, placée presque en face de la grange du dîme, à la jonction du chemin de Marcheseuil à Suze et de l'ancien chemin de Marcheseuil à Manlay ; 2° la croix en bois, dite de Suze, au lieu dit *La Carrelle* ; 3° la croix *des Chaumes*, en bois, sur le chemin de Marcheseuil à La Rivière, à la jonction de l'ancien chemin de La Rivière à Cherchilly ; 4° la croix *Mongeot*, à Cherchilly à l'intersection du chemin de Vianges et de celui de Marcheseuil. C'était peut-être l'œuvre de messire Mongeot, curé de Marcheseuil en 1450.

Les croix situées actuellement sur le territoire de

la paroisse sont : 1° la croix du cimetière, en pierre ; 2° la croix de mission, en bois, avec un socle provenant de la croix de la grange du dîme, placée au dessus de Marcheseuil, à l'intersection du chemin d'Alligny à Arnay-le-Duc, et de Marcheseuil à Manlay ; 3° deux croix de mission à Suze, l'une, à droite de la rivière, l'autre, vers la maison Lemonnier ; 4° une croix de mission à La Rivière, à l'angle du chemin de Marcheseuil à La Rivière, et de La Rivière à Suze ; ces quatre dernières furent érigées durant une mission donnée à Marcheseuil en 1861 ; enfin la croix de Cherchilly, près du château, érigée quelques années après les précédentes.

Signalons aussi une ancienne chapelle de Saint-Roch, aujourd'hui disparue. Elle se trouvait vers l'*Ouche-Amiot*, proche une petite place, sur laquelle place des charges étaient affectées en faveur du chapitre, d'après le manuel de 1711, déposé aux archives de Saône-et-Loire.

CHAPITRE V

FÉODALITÉ

Biens de l'Église. — Marcheseuil propriété épiscopale est donné, en 858, au chapitre de l'église cathédrale d'Autun. — Seigneurie de Marcheseuil et de Suze. — Justice. — Importance de ce domaine. — Maires de Suze. — Le château de Suze. — Vente nationale.

C'est aux hommes, non aux Anges, que le Fils de Dieu, devenu le Fils de l'homme, a confié la dispensation de ses mystères. L'Eglise, dans sa marche ici-bas, a besoin de manger le pain du voyageur. Aussi bien, il est de l'essence de la société chrétienne de posséder quelques biens, sous une forme ou sous une autre.

Au temps du Sauveur, il y avait déjà une espèce de caisse, *loculus*, que saint Augustin appelle élégamment le « *fisc de la société du Seigneur.* » Quelques années plus tard, les fidèles apportaient volontairement aux pieds des Apôtres leurs biens, qui devenaient biens de la communauté. Dès l'aurore du Christianisme, l'Eglise posséda donc des ressources pour procurer la nourriture et l'entretien des évêques, des prêtres et des ministres de l'autel, pour soigner les orphelins, les vierges, les veuves et les pauvres, pour exercer l'hospitalité, pour secourir les fidèles condamnés à la prison pour la cause de la religion, pour acquérir enfin les luminaires, les vases sacrés, les livres liturgiques, tout le mobilier du culte divin.

Les biens ecclésiastiques, durant les trois premiers siècles, ne furent presque et ne pouvaient guère être que des biens meubles, faciles à transporter. La Rome païenne et toute-puissante était loin de reconnaître la société fondée par Jésus-Christ, qu'elle persécutait cruellement.

Sous les empereurs chrétiens, l'Eglise acquit droit de cité ; elle fut protégée par le pouvoir public et considérée comme l'institution la plus légitime et la plus élevée d'ici-bas. Alors commença pour elle cette magnifique effloraison de la charité, charité de la part des princes et des riches, qui dotèrent les sanctuaires, les évêchés et les couvents avec leurs écoles, charité de la part de l'Eglise, qui devint ainsi la providence visible et incarnée, soulageant toutes les souffrances, toutes les douleurs des individus et des nations. Pour la garantie et l'honneur de son existence, l'Eglise fut enrichie de propriétés, de biens immeubles, dont les revenus servaient au culte et à la gloire de Dieu et à l'exercice de la charité sous toutes ses formes. C'était bien là le mandat divin confié à l'Eglise en même temps que le splendide épanouissement de l'esprit évangélique.

L'antique et illustre église d'Autun posséda des biens nombreux provenant surtout d'origine ecclésiastique, et particulièrement de ses évêques, comme les terres de Laizy, Tillenay, Marigny-sur-Yonne, Ouges, Chenòve, Aloxe, Marcheseuil, Sampigny, Monthelon, Sussey, Rully, Bligny-sur-Ouche, etc.

Le plus ancien document où il soit fait mention de Marcheseuil est, à notre connaissance, l'acte même de la donation de Marcheseuil au chapitre de l'église cathédrale d'Autun en 858. En voici la substance : Le 20 mai 858, Jonas, évêque d'Autun, assistant au concile de Langres tenu à l'abbaye des Saints-Jumeaux, voulant favoriser la beauté du culte divin, agrandir la maison du chapitre de la cathédrale Saint-Nazaire d'Autun, en faisant construire des cloîtres et des offices convenables, et subvenir aux besoins des chanoines, dont il fixe le nombre à cinquante, donne à cette église le village de Marcheseuil, *Marcassolium*, qu'il appelle « un lieu peu éloigné, fertile, faisant partie de son domaine, *villam indominicatam.* » Il donne en même temps le village de Sampigny, « afin que les chanoines aient chaque jour leur breuvage, *ad quotidianum potum eis administrandum.* [1] »

Marcheseuil faisait donc partie du domaine ecclé-

---

1. *Cartulaire de l'église d'Autun,* par M. de Charmasse, p. 32.

siastique, peut-être depuis le ve ou vi^e siècle, comme Sampigny. Or on sait que ces dotations provenaient généralement de celles des sanctuaires païens, abandonnés et remplacés par le culte chrétien. En effet, les édits de Justinien, vers l'an 530, transportèrent au clergé la possession des terres affectées au service des temples de l'idolatrie. Or on peut supposer qu'il en fut peut-être ainsi de Marcheseuil, dont le territoire, surtout dans la montagne de Bar, et à Cherchilly, porte des traces si évidentes des époques celtique et gallo-romaine, comme on le suppose pour Bligny-sur-Ouche.

Pour comprendre le fait de ces donations, il faut se rappeler que, dans la discipline première, les biens religieux, appartenant d'abord à l'Eglise en général, devinrent ensuite propriétés épiscopales. Au ve siècle, les revenus de toute sorte furent régulièrement divisés en quatre parts, dont l'une appartenait en propre à l'évêque, deux autres lui étaient confiées pour subvenir aux bonnes œuvres, et la quatrième était attribuée aux clercs. C'est dans cet état de la discipline que se fondèrent territorialement les paroisses rurales L'église cathédrale fut d'abord la seule à pouvoir posséder, et l'évêque exclusivement méritait le nom de propriétaire. Le concile d'Orléans, tenu en 511, le mentionne expressément : « on doit observer, dit-il, les statuts des anciens canons qui portent que tous les dons des fidèles dans les paroisses, terres, vignes, esclaves, argent, sont en la puissance de l'évêque. »

Arrêtons-nous un instant en présence de cette expression *villa indominicata*. La villa, dit M. Fustel de Coulanges, se divise en deux catégories, un *dominicum* et plusieurs manses... Partout où nous trouvons le *dominicum*, c'est le signe certain de la grande propriété. Un *dominicum* suppose nécessairement un maître et des serfs ou colons. Le *dominicum* ou *curtis dominicata* ou *mansus dominicatus* est la partie que le propriétaire a réservée à son usage, et qui, d'après la pratique presque universelle, était labourée et moissonnée par les tenanciers; les autres manses ou *hubæ* sont les lots de tenure qu'il a mis aux mains de ses colons ou de ses serfs [1].

L'évêque d'Autun possédait de ic à Marcheseuil une grande propriété, dont une pirtie réservée ou *dominicum* dans le chef-lieu de la paroisse même, et divers manses ou colonies dans les hameaux de la même circonscription paroissiale.

Afin de faire comprendre cet état de choses, disons un mot de la féodalité.

Le régime féodal a été le développement naturel, et, pour ainsi dire, l'épanouissement des anciennes institutions de patronage et de fidélité. Il existait en germe dans la vieille Gaule, où, comme le disait déjà César, on se donnait à l'un des grands, pour ne pas être à la merci de tous les grands. Il se retrouva dans les derniers siècles de l'Empire romain.

---

1. *Questions historiques*, par M. Fustel de Coulanges, p. 54 et 55.

Il prit vigueur après la chute de l'autorité impériale. Les lois romaines l'avaient combattu et traité en ennemi. Les rois mérovingiens cessèrent de lui faire brèche, et les lois le favorisèrent. Pendant plusieurs générations, il marcha de pair avec les institutions monarchiques ; à la fin, il les renversa et prit l'empire.

Les causes en sont dans les désordres du temps, dans les guerres, et dans l'incapacité des Mérovingiens à gouverner. Le caractère de l'époque est l'absence de sécurité. Défendre son bien, **sa liberté**, sa vie était la grande affaire, la suprême ambition de l'être humain. Pour cela, il ne fallait compter ni sur les rois, ni sur leurs fonctionnaires, ni sur les tribunaux. Le faible demanda au fort sa protection et se mit sous sa dépendance et son patronage, pour vivre en paix. On ne songeait pas à se révolter ; il n'y avait aucune grandeur d'âme dans ces natures cupides. Le paysan promettait au protecteur ses redevances, ses services, son obéissance ; il donnait même sa terre et livrait sa personne. Le protecteur devenait un défenseur intéressé. Il défendait cette terre qui était devenue sa propriété, cet homme qui était devenu son *homme*.

Au viie siècle, après les guerres civiles, il se forma dans l'étendue de la Gaule deux ou trois cents petits états indépendants, dans chacun desquels un évêque, un abbé, un comte, un duc, un riche propriétaire groupa les hommes sous sa loi par les liens de la **féodalité**.

Vers l'an 700, la royauté, qui n'avait rien perdu en droit, n'était presque plus rien en fait. L'autorité appartenait à ces quelques centaines de grands propriétaires. Ceux-ci avaient obtenu par des lettres d'immunité que nul représentant du roi ne pénétrerait sur leurs domaines pour recruter des soldats, exercer la justice ou lever des impôts. Ils faisaient presque tous partie du gouvernement. Ils appartenaient au Palais et formaient une noblesse de fonctionnaires, comme l'ancienne aristocratie des sénateurs romains.

Le patronage ou *seniorat*, à partir du viiie siècle, ne fut pas imposé aux populations. Elles allèrent au devant de lui la plupart du temps. Figurons-nous un petit propriétaire de ce temps-là. Son champ lui suffirait ; mais, isolé qu'il est et mal protégé par l'autorité publique, il ne saurait se défendre contre la cupidité et la violence. Il voit à côté de lui un riche propriétaire, armé, entouré de nombreux serviteurs, sachant se défendre, labourant et récoltant en paix. Il veut obtenir le même avantage pour lui et sa terre. Il la donne ou la vend à titre bénéficiaire ; il y vit sans crainte, et, moyennant la redevance et les services convenus, il compte sur la moisson de chaque année.

Le terme de seigneur, *senior*, en usage depuis plusieurs siècles, se trouve employé dans les actes officiels, surtout sous Charlemagne. Opposé à *junior* qui indique ici l'infériorité de la condition sociale, il s'applique au supérieur, au grand propriétaire.

Les évêques, dès le v⁰ siècle, ramassèrent le pouvoir qui était par terre. Le prestige du sacerdoce et celui de la naissance, car ils appartenaient presque tous par leur origine à l'ordre sénatorial, qui était la noblesse romaine, l'institution légale, puisque la juridiction temporelle leur avait été accordée par Constantin, enfin, le suffrage populaire, tout se réunissait pour leur conférer le gouvernement local, et, comme il n'y avait plus de gouvernement central, ils étaient à peu près tout.

Si l'on se demande quelle était la situation civile du village à l'époque où nous sommes arrivés, nous dirons que la division en villages ou communes rurales n'existait pas. Le village était chose de droit privé, non d'administration publique. Par conséquent, il n'y avait pas dans le village d'autre représentant de l'autorité que le propriétaire lui-même ou son agent [1].

Afin de confirmer l'église d'Autun dans la possession des domaines qu'il lui assignait, particulièrement Marcheseuil, l'évêque Jonas invoquait l'autorité royale. En 859, le 14 juin, le roi Charles le Chauve approuve et ratifie ces donations [2].

Au siècle suivant, en novembre 921, le pape Jean X intervient lui-même et adresse à Hervé, évêque d'Autun, une lettre relative aux mêmes propriétés de l'église Saint-Nazaire.

---

1. Voir Fustel de Coulanges, *Questions historiques*, et Lecoy de la Marche, *La Fondation de la France*, passim.

2. Cartulaire de l'église d'Autun, par M. de Charmasse, p. 29.

Il y est fait mention de Tillenay, Bligny, Sussey, Marcheseuil, Sampigny, et Marigny. Le pape menace de l'excommunication et de la damnation éternelle quiconque oserait y porter atteinte[1].

Marcheseuil et ses hameaux appartinrent, durant le moyen-âge, au chapitre Saint-Lazare d'Autun, et, pour une petite partie, au prieuré de Saint-Symphorien. Le polyptique de 1290, et les titres de propriétés ne portent rien en dehors des censives, des tierces, banalités, et justices, et les titres des deux communautés ne contestent en aucune façon la franchise des habitants de la paroisse, c'est ce qui ressort de la recherche des feux de l'élection, faite en 1475[2].

Suze et les Bordes sont inscrits comme francs dans la recherche des feux de l'année 1461. Ces deux hameaux jouissaient des mêmes franchises que leurs voisins de la prévôté ou plutôt, de la « *poôté, potestas* » de Sussey, c'est-à-dire n'étaient sujets ni à la taille, ni à la main morte[3].

Comme seigneur de Marcheseuil, le chapitre de la cathédrale d'Autun possédait tous les droits de justice sur ce village et ses annexes. Au milieu du xvie siècle, les justices de Marcheseuil et de Suze, quoique appartenant toutes deux au chapitre d'Autun semblent avoir été séparées. En tout cas, il est

---

1. Ibid. p. 78.
2. *Chartes des communes et d'affranchissement en Bourgogne,* par J. Garnier, t. III, p. 538.
3. Ibid. t. I, p. 529.

question, tantôt de la prévôté de Suze, tantôt de la prévôté de Marcheseuil. On trouve également un prévôt à Manlay, où les chanoines avaient des droits.

Ce droit de justice se trouve affirmé et pratiqué le long des siècles.

En 1282, dans une déposition de cent-vingt-sept témoins en faveur des droits et des privilèges de l'église d'Autun, contre les prétentions de Robert II, duc de Bourgogne, *Guillaume Moami*, chevalier, assure qu'il a vu, il y a douze ans, les serviteurs du doyen et du chapitre d'Autun, suspendre à un arbre, sur le finage de Manlay, un voleur qui avait été pris à Suze, coupable d'un larcin commis dans la terre du doyen et du chapitre. Le dit voleur s'appelait Girard.

Dans la même déposition, *Guiot de Charchilli* déclare qu'il a entendu dire communément dans cette région que le doyen et le chapitre ont la saisine de justice sur leurs hommes de Manlay ; qu'il y a vu, il y a dix ans, les hommes du chapitre d'Autun à Manlay, entrer en litige avec le maire de Suze, à Marcheseuil, où il tenait les plaids pour le chapitre d'Autun, et aussi à Manlay [1].

Le principe qui paraît avoir dominé la législation dans l'Autunois est une plus grande sévérité

---

1. *Cartul. de l'église d'Autun*, p. 250. Un Perrenet de Charchilly, homme franc de Messieurs de Saint-Symphorien, fut prévôt de Manlay et de Chissey, vers 1540 (Peincédé, t. XXV, p. 578).

dans la répression des crimes commis contre la propriété que dans les châtiments des crimes contre les personnes : c'était l'application continuée des lois franques, en particulier d'un décret attribué à Childebert Ier.

En 1325, *Guillaume de Brion*, maire de Suze, déclare tenir des seigneurs d'Autun tous les biens immeubles confisqués à leur profit sur Jean, fils d'André, charpentier, condamné à mort pour avoir assassiné Bienvenu, gendre de Perrot Breteaul [1].

Le duc Eudes par une lettre du jeudi après le mois de Pâques l'an 1329, accorde au chapitre d'Autun l'autorisation de faire élever des Fourches en plusieurs de ses terres, entre autres à Marcheseuil [2].

Le 23 juin 1419, on trouve une déclaration de confiscation des bâtiments et héritages, au linage de La Rivière, de Jean Barbier, qui a assassiné « *es bois de Buan* » Perrin Sougliot, forestier des dits seigneurs, à qui étaient dus les pains de forestage [3].

En 1428, Pierre Caillet et Jean Gistal se sont injuriés et battus, au mépris de la justice et garde des seigneurs [4].

On rencontre, à la date du 24 octobre 1464, une transaction entre Jean Thoisot, le Jeune, et Guillaume, son frère, qui étaient convaincus d'a-

---

1. Arch. de Saône-et-Loire G. Fonds de la cathédrale.
2. Peincédé, t. I, pag. 389.
3. Arch. de Saône-et-Loire.
4. Ibid.

voir, pendant la nuit, crevé les yeux à Jean Thoisot, leur oncle, et celui-ci, par laquelle ils sont condamnés, par sentence rendue par le bailli des seigneurs de la cathédrale d'Autun, à des dommages et intérêts envers lui [1].

En 1472, le prévôt de Manlay, sur la réquisition de l'inquisiteur de la foi, avait mis garnison chez Jean Forneret, habitant de Marcheseuil, dont la femme était sorcière. Le dit Forneret prie qu'on lève la garnison [2].

En 1560, les jours pour le chapitre furent tenus à Suze, sous l'*orme* de la maison de Moingeot Sourdeaux.

En 1601, une requête est présentée par les seigneurs de la cathédrale contre Philibert de Saint-Léger, écuyer, seigneur de Montregard, au sujet d'une tenue de jours à l'*ouche Mourol*, à Marcheseuil, par ce seigneur [3].

En 1642, le prévôt de Marcheseuil avait conduit au château de Suze le char de trois habitants d'Hully qui avaient dégradé le bois des *Chaumes des Places*, que les habitants de Marcheseuil tenaient du chapitre. Claude Caillet et ses adhérents forcèrent les portes du château, chassèrent le maire et ses domestiques et emmenèrent le dit char. Plusieurs personnes d'Angoste, armées d'arquebuses, poursuivirent le procureur d'office et le recherchè-

---

1. Archives de la Côte-d'Or, G. 173.
2. Arch. de Saône-et-Loire. Fonds de la cathédrale.
3. Ibid.

rent pour le tuer aux villages de Suze et de Marcheseuil [1].

Il serait difficile de déterminer exactement les limites de la seigneurie de Marcheseuil. Elle comprenait la seigneurie de Suze, La Rivière, Les Bordes et partie de Cherchilly, dont les habitants reconnaissent en 1560 les droits de dîme et autres devoirs vis-à-vis du chapitre. Elle s'étendait sur les finages de Manlay et de Vianges. Elle s'agrandit progressivement par donations et acquisitions.

En 1171, Hugues III, duc de Bourgogne, sur le point de partir en Terre Sainte, veut réparer les torts que lui et les siens auraient pu commettre envers l'église d'Autun. Il lui abandonne, en conséquence, le droit d'hébergerie qu'il prétendait avoir dans les seigneuries de Bligny, de Sussey et de Marcheseuil, *Marchisiolus* [2].

Les biens de l'église d'Autun furent souvent usurpés par les comtes d'Autun dès le ixe siècle, et plus tard par les ducs de Bourgogne et d'autres seigneurs. Au xive siècle les chanoines récitaient une prière de délivrance [3].

---

1. Ibid.

2. *Cartul. de l'Église d'Autun*, p. 32.

3. Ibid. Introduction, p. xxxviii et suiv. — Le droit de gîte imposait l'obligation à tout propriétaire de loger et de défrayer les envoyés du roi, les fonctionnaires en passage. Un comte avec sa suite avait droit à trente pains, deux muids de vin, un porc et trois poulets. Il devait en outre fournir des chevaux. A l'époque carolingienne, les comtes s'emparaient souvent du droit de gîte à l'instar du roi. Les chartes d'immunité interdisaient au comte de se donner gîte et fournitures de table, *mansionem* et *paratos* sur la terre immuniste.

Un nécrologe de l'église d'Autun porte que « le dixième des calendes d'avril 1239, mourut Hugues de Marigny, prévôt de l'église d'Autun, qui nous a donné les hommes et les coutumes qu'il avait acquis, à Marcheseuil, *apud Marchesu*, de Hugues de Cluchère, chevalier [1]. » Dans une pièce déposée aux archives de Saône-et-Loire, il est dit « de temps immémorial, les seigneurs de la cathédrale, en qualité de seigneurs de Marcheseuil, perçoivent annuellement, sur chaque habitant, deux boisseaux par moitié froment et avoine à cause du droit des dits habitants dans la rivière de Suze et dans les bois de Buan, et le droit de courroies qui est à neuf blancs, avec trois quarts d'un niquet, pour chaque charrue, sur chaque habitant ayant charrue de bœufs tirants [2]. »

Ailleurs il est dit que le chapitre possédait 426 arpents de bois dans lesquels il accordait le droit de prendre bouchure, le chauffage et le pacage du bétail [3].

Le droit d'usage des habitants de Suze, La Rivière, Les Bordes et Marcheseuil dans les bois de Buan et dans la rivière est attesté par Chrétien Bouchotte, Pierre de la Borde, etc., habitants de Marcheseuil en 1533 [4].

Un jugement de l'intendant de Bourgogne, du

---

1. Ibid. p. 332.
2. Arch. de Saône-et-Loire. Fonds de la cathédrale.
3. Ibid.
4. Ibid.

24 août 1680 « décharge de la taxe les habitants de Marcheseuil, Suse, La Rivière, et Les Bordes, pour le droit d'usage es bois de Buan et de pêche en la rivière de Suze à eux appartenant moyennant un boisseau froment et un d'avoine qu'ils payent par chacun feu au chapitre de saint Lazare d'Autun, comme redevance seigneurialle, selon le terrier y relaté, le dit jugement rendu malgré que le traitant soutenait que la dite redevance n'était pas seigneurialle, et qu'elle n'était due que pour des permissions accordées par des bénéficiers qui pouvaient y rentrer [1]. »

Le 30 avril 1536, est fait pour trois ans un bail des terres et seigneuries de Marcheseuil et de Manlay à Léonard Blanot, moyennant 255 livres par an [2].

Un pouillé de l'archevêché de Lyon, de 1648, parle de Marcheseuil, *Marchisol*, qui donne 400 livres de revenus.

Dans le procès-verbal de visite épiscopale de l'année 1671 il est dit : « le chapitre reçoit les dîmes de toute la paroisse, sauf Cherchilly, à la moitié : huit vingt mesures froment, seigle et avoine [3]. »

Dans un bail de la dîme de Marcheseuil de 1767, elle est évaluée à 1200 mesures de grain, froment, seigle et avoine et 50 gluis [4].

Il y eut, au siècle dernier, des démêlés sérieux

<hr>

1. Peincedé, t. XIX, p. 69.
2. Ibid.
3. Ibid.
4. Ibid.

entre les habitants de Marcheseuil et le chapitre d'Autun, au sujet de la forêt de Buan.

Suze semble avoir été le siège de la seigneurie du chapitre plutôt que Marcheseuil. A Marcheseuil était l'église, la paroisse, où l'on venait par le *Chemin de la Messe* ; à Suze était le château et la mairie. C'était là, dans la *Saule vieille*, puis dans la *Saule neuve*, que le maire remplissait les devoirs de sa charge. C'était là que se trouvait le château, dont le maire était le gardien, le concierge, comme on disait alors.

Le maire, *major*, qui n'était pas un officier municipal, était, aux temps féodaux, le représentant du seigneur, une sorte de juge et d'intendant. Ses fonctions, devenues presque toujours héréditaires, se transmettaient par succession, par vente, comme un véritable fief, avec la jouissance des bâtiments, des terres, des prés, des bois, et des privilèges attachés primitivement à la mairie.

Les titulaires de la mairie étaient souvent des nobles, ayant d'ailleurs des propriétés. On voit nommément, à Suze, *Jean de Sansmur* (*Semur*), en 1290, *Guillaume de Brion*, en 1325, *Jean de Bouton*, en 1485, un autre *Jean de Bouton*, en 1527, personnages que nous retrouverons à l'article de Suze. Cette fonction existait encore au XVIIe siècle.

Le chapitre d'Autun possédait à Marcheseuil une maison d'exploitation, située à droite du chemin qui conduit de l'église à Manlay, au midi du puits encore existant. Les dépendances étaient en face, de l'autre côté de la rue. Il possédait en outre la grange du dîme.

Les armes de l'Eglise d'Autun portent : *de gueules à la croix ancrée de sable à la bordure d'argent.*

La terre et seigneurie de Suze fut adjugée le 18 février 1791, par le Directoire du district d'Arnay, à MM. Lhomme François, notaire royal d'Arnay, et André Guenot, marchand fermier à Suze, moyennant 162,000 livres [1].

Le château fut démoli en grande partie dans ce siècle, et remplacé par l'habitation actuelle de la famille Guenot [2].

---

1. Archives de la Côte-d'Or. — Q. I.

2. Il existe aux Archives de Saône-et-Loire, plusieurs terriers, manuels, etc., concernant la seigneurie de Marcheseuil, entre autres un *Ancien Inventaire* des terres concernant la seigneurie de Suze, de 1429 à 1648 ; un *Manuel* des rentes, cens, tailles et autres redevances dues chaque année aux seigneurs de la cathédrale, à cause de leur terre et seigneurie de Suze, revêtue de quelques obits, 1542 ; un *Terrier* de la seigneurie de Suze, contenant une déclaration des droits seigneuriaux et généraux dus aux seigneurs de la cathédrale par les habitants de Suze, La Rivière, Les Bordes, et Marcheseuil, et quatre reconnaissances, fait au profit des dits seigneurs, de l'an 1556 ; un *Manuel* contenant les droits seigneuriaux, dans la prévôté de Marcheseuil, Suze, Les Bordes, La Rivière, Vianges, Manlay et dépendances, fourni par Jean Lantissier, marchand fermier de la dite prévôté, demeurant au château de Suze, du siècle dernier. — On trouve aussi aux Archives de la Côte-d'Or une *Déclaration* des bâtiments et héritages des seigneurs de la cathédrale d'Autun à Suze, Marcheseuil, La Rivière, les Bordes, Cherchilly, Manlay, en date du 22 juin 1551. (G. 173). — Il y a enfin à la commune de Marcheseuil, un *Terrier* de 1556.

CHAPITRE VI

L'ANCIEN CHATEAU DE MARCHESEUIL. — SES HOTES

Les familles de Marcheseuil — de Sauldon — de Mauroy — Valletat — de Somme — de Monard.

Le chapitre de la cathédrale d'Autun était loin d'absorber tout le territoire de Marcheseuil. Il y eut à ses côtés, à Marcheseuil même et dans les hameaux de cette commune, des maisons assez importantes, des familles appartenant à la noblesse de la Bourgogne.

C'est ainsi qu'il y eut à Marcheseuil une famille portant le nom du village. Ses membres connus ont vécu du XIIIᵉ siècle au XVIIᵉ. Nous allons essayer de les grouper sans pouvoir toujours garantir leur véritable filiation. Nous parlerons ensuite des familles qui leur ont succédé.

§ I. — La famille de Marcheseul.

ROBERT DE MARCHISOIL (1200).

Robert de Marchisoil tenait en gage, en 1200, une terre à Allerey [1].

Robert dit *de Marcheseul*, damoiseau, fils de feu *Geofroi* de *Marcheseul* chevalier, reconnaît avoir pris en fief du Duc de Bourgogne sa maison forte du Bois, close de fossés, sise sur la paroisse de Jours, et cent soudées de terre, qu'il avait aux alentours, qui provenaient de son alleu, le tout pour vingt livres viennoises que le Duc lui donne. Cet acte est de juin 1259 [2].

Guiotte de Marcheseul, épouse en premières noces de André de Sanvignes, écuyer, dont elle a un fils, Guillaume, paraît à Gissey-sous-Flavigny en 1372 comme alliée à Perrin, dit Duncey de Flavigny, écuyer [3].

Nous pensons que ces personnages tirent leur nom de Marcheseuil.

ODET Ier ET JEAN DE MARCHESEUL (1431).

Odet de Marcheseul figure à la montre reçue à Semur le **3** août 1431, sous messire de Thil, et

---

1. *Cartulaire de l'Eglise d'Autun*, p. 120.
2. Arch. de la Côte-d'Or. Chambre des comptes. B. 10478.
3. Ibid.

dans celle tenue à Bligny-sur-Ouche, et autour de Semur, du 17 au 30 septembre 1432 [1].

Le 19 janvier 1440, une sentence fut rendue par Benoît Milot, conseiller du duc de Bourgogne, et bailli du temporel des seigneurs de la cathédrale d'Autun, par laquelle Odet de Marcheseul, écuyer, homme justiciable des dits seigneurs, était dûment atteint et convaincu d'avoir tué Odet de Cordesse, aussi leur homme justiciable. Il fut banni de toutes les terres, seigneuries, et juridictions des dits seigneurs de la cathédrale, et tous ses biens étaient déclarés confisqués à leur profit [2].

Odet parut avec éclat dans la guerre du Luxembourg. Il fut envoyé en 1442, avec Ryolet, Jacot et Jean Leschileur, Verrières, Jean d'Aiguilly, par ordre de messire Bernard, seigneur de Châteauvillain, à Mgr bâtard Cornille de Bourgogne, comme étant les plus vaillants de l'hôtel du dit seigneur de Châteauvillain. Ces hommes sont dits « hardis, preux et chevalereux et bien experts en armes ». Mgr le bâtard fut « moult joyeux pour le bon rapport qui lui fut fait des dits nommés et les employa en plusieurs bonnes entreprinses et rencontres. » Ils furent les premiers à « eschiler » la ville de Luxembourg, en 1443 [3].

---

1. Archives de la Côte-d'Or. Peincedé, t. XXVI, p. 409 et 420.
2. Archives de Saône-et-Loire. G.
3. Peincedé, t. XXVIII, p. 856.

A la même époque, on voit *Jean de Marcheseul*, qui fut peut-être un frère d'Odet.

Un bail à cens du mois d'août 1432, fut fait par Jean de Marcheseul à Perrin et ses consorts, du dit lieu, d'un jardin tenant au Carrouge, moyennant vingt deniers de cens par chacun an [1].

LAMBERT DE MARCHESEUL.
FIEF DE SAINT-GERMAIN-DES-CHAMPS OU DE MARCHESEUL (1474).

Lambert de Marcheseul, chevalier, probablement fils d'un des précédents, figure, dans une revue d'armes, en qualité de chef d'escadre, en 1474 [2].

Durant le xv⁰ siècle, la famille de Marcheseul possédait un fief à Saint-Germain-des-Champs, près de Chastellux (Yonne). Quelques-uns de ses membres sont qualifiés seigneurs de Saint-Germain-des-Champs, ou de Marcheseul.

Vers 1450, une *Jeanne de Marcheseul*, dame de Saint-Germain, veuve de N. de Digoine, épousa, en secondes noces, Guyot de Damas, écuyer, seigneur, de Villiers et d'Athie dont elle eut cinq enfants [3].

Un titre du 4 juillet 1491 renferme un bail à cens, fait par Lambert de Marcheseul, seigneur du dit lieu, et de Saint-Germain-des-Champs à Phi-

---

1. Arch. de la Côte-d'Or. G. 502.
2. Peincedé, t. XXVIII, p. 942.
3. Athie-Villiers, commune de Pouillenay (Côte-d'Or). Peincedé, t. XVII, p. 850.

lippe Malappris de tous les près et terres de Clapougny (les Quatre-Vents aujourd'hui) jusqu'à la croix du village de La Rivière, plus la moitié d'une pièce de pré, appelée le pré Lazare, indivis avec Antoine Eramey, contenant en tout six sées de pré, avec droit de parcours, et d'usages en certains bois du dit seigneur, à charge de bâtir une maison et grange, moyennant trois francs, une corvée de bras d'homme, deux blancs de cens, à la Notre-Dame de mars, et une poule.

L'acte de vente de ce fief par Odet de Marcheseul, fils de Lambert, permet d'apprécier la nature et la valeur de la seigneurie.

Le 19 février 1504, Odet de Marcheseul, écuyer, seigneur du dit lieu, vend à Barbe de Hochberg, dame de Chastellux, sa maison, pourpris et jardin, sis à Saint-Germain-des-Champs, avec justice, moyenne et basse, hommes de condition, terres, prés, bois, etc.; une autre maison au Vault de Lugny, jardin et grange, deux soitures de pré au dit finage, plus quarante ouvrées de vigne au dit finage du Vault, ce qui lui appartient au Vault, les dits héritages du Vault chargés de 25 sous de rente envers le seigneur du Vault; le tout, moyennent 1500 livres[1].

En 1499, Lambert de Marcheseul fait un bail à cens à Guillaume Perrin, habitant du village de Marcheseul[2].

En 1500, un *Albert de Marcheseul* figure dans une

---

1. Voir l'*Histoire généalogique de la maison de Chastellux.*
2. Arch. de Saône-et-Loire. G.

fondation religieuse, dont on a la teneur à l'article des fondations. Peut-être qu'il s'agit du même personnage dont le prénom a été lu différemment.

Lambert eut pour fils Odet II, qui suit, et pour fille, Marie, qui épousa un sieur Bernard Hélyot.

ODET II ET MARIE DE MARCHESEUL (1503).

Odet *de Marcheseul*, écuyer, seigneur de Saint-Germain-des-Champs, fait un échange avec Philibert Michon, l'ancien, de Marcheseul, le 3 décembre 1503 [1].

Le 11 mai 1507, une renonciation fut faite par Odet de Marcheseul, écuyer, du *meiz Jean Moreaul*, situé au finage de Marcheseul, et ses dépendances au profit des seigneurs de la cathédrale d'Autun [2].

Le 6 mars 1514, une sentence décrétale, rendue en la chancellerie d'Autun, approuvait la vente de la seigneurie de Marcheseul. Il y est question de Marie, sœur d'Odet, épouse du sieur Hélyot [3].

En 1515, Jacques de Bouton, seigneur du Thillot, fait retrait sur François Machin, clerc, notaire public, citoyen d'Autun, des maisons, terres, chevances et seigneuries qui furent à noble homme Lambert de Marcheseul, en son vivant chevalier, agissant comme cousin et plus proche parent de

---

1. Ibid.
2. Arch. de la Côte-d'Or. G. 173.
3. Arch. de Saône-et-Loire. G.

noble Odet de Marcheseul, écuyer, fils de feu Lambert, et consentant à ce transport [1].

En 1516, François Machin achète des héritages, terres et seigneuries de Bernard Hélyot [2].

En 1517, eut lieu une vente des terres et prés qui avaient appartenu à Lambert de Marcheseul et n'avaient pas été délivrés au sieur Machin, vente faite par Odet de Marcheseul à Jacques de Bouton [3].

Odet avait épousé demoiselle Guyotte, qui vivait encore à Marcheseul en 1546 et était veuve [4].

Il est question de feu *Nicolas de Marcheseul* dans une pièce de 1546 [5].

JACQUES ET JEAN DE MARCHESEUL (1546).

A cette époque figurent *Jacques* et *Jean de Marcheseul* frères et probablement fils d'Odet.

En 1546 et en 1552, noble homme Jean de Marcheseul achète au finage du lieu, différentes pièces de terre. Le 1er mars 1552, par devant le sieur Pierre Guenot, notaire royal à Vianges, noble Jacques de Marcheseul achète pour le compte de Jean, son frère cadet absent, deux journaux et demi de terrain *portant seigle*, moyennent cinq francs cinq sols [6].

---

1. Ibid.
2. Ibid.
3. Ibid.
4. Arch. de la famille de Monard.
5. Arch. de la Côte-d'Or. G. 502.
6. Arch. de la famille de Monard et de la famille Valletat.

Dans un terrier de 1556, il est question de Jean de Marcheseul, écuyer, et Jacques de Marcheseul, aussi écuyer, au sujet de redevances[1]. Les mêmes personnages sont mentionnés au terrier de 1560.

Le 29 janvier 1580, Jacques de Marcheseul présente une requête aux seigneurs de la cathédrale, tendant à ce qu'il leur plut lui entrayer à perpétuité leur maison de Marcheseul, dont une partie est en ruines[2].

Jean de Marcheseul avait épousé Claude de Thoisy. Il était mort à la date du 4 juillet 1586, où sa veuve, damoiselle, présente une requête pour échange de prés à Suze[3].

A part ce Jean de Marcheseul dit l'ancien, il y eut un autre Jean de Marcheseul, qualifié sieur de Labruyère, lequel acheta une maison à Marcheseul en 1597[4].

ÉTIENNE DE MARCHESEUL (1590).

Étienne de Marcheseul, peut-être fils d'un des précédents, reconnaît en 1590 des droits à la collégiale de Saulieu sur Marcheseul[5].

Ce seigneur avait épousé Marie La Verne, fille de Didier La Verne, enquêteur pour le roi au bailliage de Dijon, et de Catherine Fourneret. Marie La

---

1. Arch. de Saône-et-Loire. G.
2. Ibid.
3. Ibid.
4. Papiers de la famille Valletat.
5. Arch. de Saône-et-Loire.

Verne était la sœur de Sébastien, chanoine de Saint-Etienne de Dijon, de Marguerite, mariée à N. Le Febvre, enquêteur au bailliage, de Bénigne, et de Jacques, vicomte majeur de Dijon, mort sur l'échafaud, en 1594, pour avoir voulu livrer Dijon à Henri IV [1].

Ce personnage joua un certain rôle durant la Ligue.

Dans une délibération des habitants d'Arnay, en date du 16 mai 1592, il est dit que le sieur de Marcheseuil, logé en la Tour de Sivry-les-Arnay, a demandé par lettres un poinçon de vin à la ville.

Quelques années plus tard, en 1595, il occupait le château de Lacanche. En effet, M. de Cypierre [2] lui adressa la lettre suivante :

« Monsieur de Marcheseul, je ne serois pas votre ami, si je ne vous donnois advis des grondes que l'on fait contre ceux que vous avez logés dans vostre château de Lacanche. Faites qu'elles cessent,

---

1. La famille Verne ou La Verne, éteinte au siècle dernier, remonte à Jean, secrétaire du roi, et son procureur à la Chambre des comptes, en 1408. Sébastien, fils du précédent, mourut en 1520, laissant trois enfants, dont Bénigne, seigneur d'Athée, de Magny, président au parlement, mort sans enfants, laissant des biens à ses trois neveux et à Marie, femme d'Etienne de Marcheseul.

Armes : *d'azur, à trois demi-vols d'or, mouvant d'une rose de gueules, posée en abime.*

(Armorial de la Chambre des comptes, p. 294.)

2. Hubert de Marcilly-Cypierre, seigneur de Thoisy-la-Berchère, où il faisait sa résidence habituelle. — En 1595, Cypierre était gouverneur de Semur-en-Auxois.

et considérez qu'il y a un homme en ces pays (le maréchal de Biron) qui n'aime pas ceux qui, de leur autorité privée, s'establissent de garnison, qui est un crime capital. Je serois marry que ces plaintes vinssent à luy, et vous, vous en auriez la peyne. Il ne faut dissimuler à ses amys les choses qui touchent soit à leur bien, soit à leur mal. Prenez cette lettre de moi qui ay cette qualité d'estre,

Vostre meilleur amy bien affectionné
à vous servir.

CYPIERRE.

Semur, ce 13 avril 1595.

P. S. Je reçus hier une de vos lettres par lesquelles vous me parlez du château de Chissey [1]. Je vous diray que je suis résolu de venger, sur M. de Chissey et ce qui luy appartiendra, et sur ceux d'Ostun et autres ennemys, les injures qu'ont reçu Monseigneur d'Ostun (l'évêque Pierre Saunier,) ses subjects et les miens.

Croyez-moi, quittez cette mauvaise place de Lacanche, afin que mal ne vous en arrive, et vous vous souviendrez que je vous l'ay dit. »

L'évacuation du château de Lacanche, qui apparemment avait quelque importance avant son entière démolition, tarda peu à s'effectuer, ainsi

---

1. Odinet de Montmoyen, seigneur de Chissey, chef ligueur, défendit Autun, dont il était gouverneur en 1591, contre le maréchal d'Aumont, qui en faisait le siège.

que le montre la lettre suivante de M. de Voudenay, aux échevins d'Arnay-le-Duc :

« Messieurs, je vous parlay hier pour le fait de la démolition du château de Lacanche. Il est fort asseuré qu'il n'y a personne, et que ceux qui en sont sortis ont démoly seulement le ravelin et osté quelques palis. J'envoie mon procureur présent porteur, pour vous prier de lui faire demander quelques soldats pour l'assister, et des paysans avec pics, pioches et haches pour en faire la démolition, suivant l'ordre de M. de Biron, et le mieulx qu'il sera possible, afin d'empêcher les maux qui pourroient arriver à faute d'avoir démoli ces fortifications, ce qui vous peut apporter autant de dommaige qu'à personne qui soit. C'est pourquoi je vous supplie d'y tenir diligemment la main. Sur ce m'assurant, je saluerai vos grâces de mille recommandations, et vous demeure à jamais,

Votre très affectionné voisin et amy
à vous servir.
VOUDENAY [1].

Ce 5 mai 1595. » [2]

Noble Etienne de Marcheseul était mort en 1598. A cette date, sa veuve, demeurant à Marcheseuil,

---

1. De la maison de Mâlain-de-Lux.
2. *Annales de la ville d'Arnay-le-Duc*, par M. Lavirotte, pp. 143 et suiv. — *Histoire de la Réforme*, etc., par H. Abord, t. II, p. 498 et 499.

fait une procuration à son frère Sébastien La Verne, chanoine de Saint-Etienne de Dijon [1].

Les guerres de la Ligue occasionnèrent des passages de troupes dans l'Autunois. Il est dit à propos de Marcheseuil, dans le procès-verbal de la visite des feux, de l'an 1645 :

« Nous avons recogneu qu'il y avait vingt-sept habitants imposés, desquels sept tenant charrue, entre eulx, il y a des gens de mestier et quelques personnes journalières ; par la visitte que nous avons faicte en touttes leurs maisons, nous en avons trouvé quelques-unes en assez bon estat, et d'autres fort ruinées ; ils sont de condition franche, ont pour communaux quelques petitz pasquiers, doivent, en corps de communauté, deux cents livres au sieur Darlay, et trois cents au sieur Curdain, d'Ostun ; ils ont eu une compagnie du régiment d'Anguien (Henri de Bourbon-Condé, duc d'Enghien), qui y a logé, et deux du régiment de Tavanes, comme aussi d'autres troupes qui y ont passé ; ils ont été aussy endommagés par la gresle et la gelée : ce qui nous a été affirmé par Jean Caillet, eschevin et collecteur des tailles du dit Marcheseul » [2].

---

1. Peincedé, t. XIX, p. 437.
2. Mémoires de la Société Eduenne, nouvelle série, t. V, pp. 436 et suiv.

BARBE DE MARCHESEUL (1565-1618).

Nous enregistrons ici plusieurs personnages de la famille de Marcheseul, dont la filiation n'est pas établie.

Barbe de Marcheseul, dame du dit lieu, figure comme marraine dans l'inscription de la petite cloche qui date de 1565. Nous la verrons apparaître encore en 1618.

Jeanne de Marcheseul épousa, en premières noces, noble sire Alain Beuste, seigneur d'Hully en partie, dont elle eut Anne Beuste, mariée le 22 décembre 1593 à Claude Le Febvre, écuyer, fils de Jean Le Febvre, coseigneur de Chanteau.

A cette époque, Jeanne de Marcheseul, remariée à noble sire Jean de Fontaines, était veuve de son second époux.

Jacques et *Louis de Marcheseul*, assistent au mariage d'Anne Beuste à titre de cousins-germains de Jeanne de Marcheseul, sa mère [1].

Eliodore et *Louis de Marcheseul* consentent à l'enregistrement d'un acte de légitimation, en date du 3 mai 1600, avec Jean de Thoisy, demeurant à Manlay [2].

Louis de Marcheseul épousa la petite-fille de Denis Dorey, écuyer, seigneur du Petit-Millery, dépendant de Saint-Forgeot, près Autun, qui en avait

---

1. Peincedé, t. XXVIII, p. 423.
2. Ibid., t. II, p. 522.

repris de fief en 1486. Louis était seigneur du Petit-Millery en 1628, et depuis, on désigna ce fief sous le nom de Millery-Marcheseul. Louis de Marcheseul eut une fille qui épousa Antoine Quarré de Réglois [1].

Agnès de Marcheseul, probablement de la même maison, frère, sacristain du prieuré de Bar-le-Régulier, bâtit, comme nous l'avons vu, au sommet de la montagne de Bar, uue chapelle dédiée à la Trinité, en 1607. Cette chapelle fut réparée et bénite en 1721. On en voit encore l'emplacement.

Jean de Marcheseul, noble *Odinot de Marcheseul* et noble *Barbe de Marcheseul* eurent un procès, en 1618, avec la collégiale de Saulieu [2].

Dom *Claude de Marcheseul*, religieux à Cluny, fait, en 1633, une donation à l'église de Marcheseul, dont la teneur est inscrite au chapitre des Fondations religieuses. D'après ce document, ce personnage était l'oncle de Péronne qui suit.

PERONNE DE MARCHESEUL (vers 1600).

Péronne de Marcheseul apporta la terre de Marcheseul, en mariage, à Antoine de Sauldon, écuyer, seigneur de la Chapelle et de Villars-lez-Tintry, vers l'an 1600.

---

1. *Montjeu*, Mémoires de la Société Eduenne, nouv. série, t. IX, p. 109.
2. Arch. de la Côte-d'Or. G. 502.

La maison de Marcheseul portait : *d'argent à trois fleurs de lis de sable, à la bordure de gueules* [1].

§ II. — **La famille de Sauldon.**

ANTOINE DE SAULDON (vers 1600).

L'ancienne famille de chevalerie de Sauldon tire son nom du fief de Sauldon en Châlonnais. Ce fief, autrement la Tour du Bois, appartenait encore aux membres de cette maison, lorsqu'ils se sont éteints, à la fin du xviie siècle [2].

Les Sauldon portaient : *d'or à trois pals d'azur.*

Antoine de Sauldon, qui possédait le domaine de Marcheseuil du chef de sa femme Peronne de Marcheseul, mourut le 25 juillet 1650, laissant quatre filles : Anne-Marie, qui épousa Jean de Mauroy ; Jeanne-Marguerite, mariée en 1662 à Pierre Guyard, bourgeois de Montot ; Pierrette, femme de P. d'Anstrude, seigneur de Manlay en partie ; Péronne, morte sans alliance [3].

---

1. Communication de M. Bigarne.
2. Les Sauldon ont possédé Savigny-les-Beaune, pour la plus grande partie, jusqu'au milieu du xiiie siécle, et en outre les seigneuries de Montille, Chanceau, La Chapelle, Villars, etc.
    (*La Noblesse aux Etats de Bourgogne*, p. 293.)
3. Registre de la paroisse de Marcheseuil.

8.

§ III. — La famille de Mauroy.

La famille de Mauroy, qui porte *d'azur au chevron d'or, accompagné de trois couronnes royales du même*, est originaire de Troyes, où l'on trouve Nicolas Mauroy, qualifié avocat du roi au bailliage, en 1444. Etablie dans l'Autunois au xvie siècle, elle a été condamnée comme usurpatrice, en 1665; mais il est probable qu'elle obtint depuis un arrêt de maintenue, puisqu'elle entre aux Etats en 1775, sur preuve de cinq degrés de noblesse. Elle a fourni un grand nombre de militaires, entre autres, un lieutenant-colonel de Condé-cavalerie, un colonel de Médoc, deux lieutenants-généraux en 1718 et 1748, qualifiés marquis de Mauroy, fils et petit-fils d'un auditeur à la chambre des Comptes, à Paris, un lieutenant-colonel des grenadiers de France, passé en Amérique au siècle dernier, avec le grade de brigadier des armées du roi. On trouve encore de ce nom, et sans doute de la même famille, deux grands maîtres des eaux et forêts, en Bourgogne.

Ses alliances sont : les Festuot, Sauldon, Scorailles, La Rivière, Bault, Le Maire, Pleurre.

Les fiefs de cette famille sont, en Bourgogne : Buffon, Marcheseuil, Vésigneux, La Garde, Fontaines-lez-Arnay, Saint-Félix en partie [1].

Dans sa *Généalogie historique de la famille de Mauroy en Champagne*, publiée en 1887, M. Albert

---

1. *La noblesse aux Etats de Bourgogne*, p. 236.

de Mauroy, correspondant de la Société académique de l'Aube, membre du conseil héraldique de France, habitant Thivet (Haute-Marne), divise cette famille en quatre branches de Champagne et une branche de Bourgogne, qui doit nous occuper. Il rattache à la troisième branche et au neuvième degré de la famille Jean de Mauroy, qui fut le chef des Mauroy de Marcheseul.

JEAN DE MAUROY (1643).

Jean de Mauroy, écuyer, était le fils cadet d'Edme de Mauroy, écuyer, seigneur de Coulleur, né en 1569, maréchal général des logis et garde général des vivres de l'armée du prince de Condé en Bourgogne, puis maréchal des logis de la maison du prince de Condé, mort le 7 décembre 1651, et de Marie de Parenty [1].

Il fut seigneur de Souvert, Marcheseuil, Vésigneux, La Garde et Montagny.

Il avait épousé le 18 avril 1643, à Autun, Anne-Marie de Sauldon, qui lui apporta la terre de Marcheseuil.

---

1. Son frère ainé, Jean de Mauroy, écuyer, seigneur de La Garde, capitaine et major de la ville de Seurre, puis gouverneur et lieutenant de roi de cette ville, en 1648, épousa, par contrat du 25 février 1653, la baronne de Pourlans née Gabrielle Dugon, veuve de Jacques de Courcelles, baron de Pourlans, Auvillars et Bousselanges. Il est cité comme un homme d'une intrépidité à toute épreuve. Il ne paraît pas avoir eu d'enfants.

Jean de Mauroy était lieutenant au régiment de Condé en 1649.

En 1656, il fait un échange de propriétés avec les seigneurs de la cathédrale d'Autun [1].

Jean de Mauroy mourut en 1660, laissant six enfants :

1° *Jeanne-Marie de Mauroy*, mariée à Claude des Paillards, écuyer, seigneur de Bussières ;

2° *Etienne-François de Mauroy*, écuyer, né en 1652, lieutenant au régiment d'Enghien ;

3° *François de Mauroy*, qui demeura aux Bordes, commune de Marcheseul ;

4° *Louis de Mauroy de Sauldon*, écuyer, qui suit ;

5° *Charles de Mauroy de Marcheseuil* ;

6° *Pierre-Claude de Mauroy*, qui continua la descendance des Mauroy des Bordes.

Anne de Sauldon vivait encore en 1665, où elle fait un échange avec le curé Guenot [2].

LOUIS DE MAUROY DE SAULDON (1688).

Louis de Mauroy de Sauldon, né à Marcheseuil en 1655, resta, d'après le partage fait entre lui et ses frères, en 1688, propriétaire de la partie la plus importante de la terre de Marcheseuil.

Il fut cornette au régiment de Pignon, capitaine

1. Arch. de Saône-et-Loire. G.
2. Arch. de Côte-d'Or, G. liasse 612.

aide-major au régiment de Mauroy, en 1697. Il fut probablement tué à la guerre.

Marié à Philiberte de Mulot, il en eut :

1° *François de Mauroy-Sauldon*, qui suit ;

2° *Pierre de Mauroy*, chevalier, né en 1688, aide-major au régiment de Condé-cavalerie, marié à Elisabeth de Santi, dont il ne paraît pas avoir eu d'enfants ;

3° *N. de Mauroy*, qui était curé de Censerey en 1730 :

4° *Claudine-Antoinette de Mauroy* ;

5° *Jeanne-Marguerite de Mauroy*, qui épousa le 5 février 1709, Nicolas Valletat, ancien lieutenant au régiment de Condé, lieutenant de la maréchaussée d'Autun ;

6° *Louis de Mauroy* ;

7° *Denis-Simon de Mauroy*, né en 1701, qui eut pour parrain Denis-Simon de Mauroy, colonel d'un régiment de cavalerie, gouverneur de la ville et château de Tarascon, chevalier de l'ordre de Saint-Louis. Ce personnage fut abbé de Saint-Pierre, premier chanoine de Melun, vicaire général du cardinal-archevêque de Sens, jusqu'en 1789. On le perd de vue à la Révolution ;

8° *Catherine de Mauroy*.

Charles de Mauroy de Marcheseul, frère de Louis, écuyer, fut capitaine au régiment d'Aligny, puis au régiment de Bourgogne, vers 1695. Marié à Catherine de James, il n'eut qu'une fille, morte en bas âge. Sa veuve se remaria, en 1698, avec René Roland, écuyer, garde du corps du roi, et qui signait *Roland Marcheseul.*

FRANÇOIS DE MAUROY-SAULDON (1682-1776).

François de Mauroy-Sauldon, écuyer, succéda à son père dans la possession de la terre de Marcheseuil.

Né en 1682, il fut cornette au régiment de Mauroy en 1697, lieutenant du dit régiment en 1709, lieutenant au régiment de Condé, puis au régiment dauphin-cavalerie, chevalier de Saint-Louis, pensionné du roi, doyen des officiers. Il avait épousé, le 26 avril 1718, à Buis, près Chissey, Pierrette de la Coste, fille du seigneur de Buis. Il n'eut qu'une fille morte en bas âge. Il mourut à Marcheseuil, le 25 novembre 1776, âgé de quatre-vingt-quatorze ans, et fut inhumé auprès de ses ancêtres, dans le chœur de l'église de Marcheseuil [1].

§ IV. — Les familles Valletat, de Somme, et de Monard.

Le dernier des Mauroy-Marcheseul laissa sa fortune à sa nièce *Catherine Valletat,* fille de Jeanne-

---

1. Voir la *Généalogie historique de la famille de Mauroy,* par Albert de Mauroy. — Courtépée se trompe en disant que le dernier des Mauroy-Marcheseuil passa en Amérique. Il s'agit d'un autre membre de la famille d'un Mauroy-des Bordes, que nous retrouverons plus loin.

Marguerite de Mauroy et de Nicolas Valletat, officier au régiment de Condé.

Mademoiselle Valletat épousa en 1777 *Jacques
de Somme* [1], ancien capitaine dans la légion royale,
et chevalier de Saint-Louis.

Monsieur de Somme, n'ayant pas d'enfants,
laissa ce qu'il possédait à Marcheseuil au fils d'une
de ses sœurs [2], le général *Jean-Nicolas de Monard*.

Originaire de la Marche, la famille de Monard
passa ensuite en Champagne, où elle était établie
en 1666. Pour elle, la noblesse ne fut que l'expression du devoir militaire rempli sans interruption.
Des armées des ducs Henry et Charles de Lorraine,
ses membres étaient passés au service de la France,
et on les rencontra sur tous les champs de bataille
de l'époque.

Jean-Nicolas de Monard, fils d'un capitaine au
régiment de Penthièvre-dragons, né à Charleville
en 1750, entra comme cadet, en 1763, à l'âge de
treize ans, au régiment où servait son père. Successivement capitaine aux chasseurs des Vosges
en 1784, major aux chasseurs de Hainaut en 1789,
chevalier de Saint-Louis le 18 juin de la même année, lieutenant-colonel le 1er juin 1792, général de
brigade le 8 mars 1793, à l'âge de quarante-deux
ans, il servit de 1792 à 1793 aux armées du Rhin

---

1. Originaire de Givet.
2. M. de Somme eut une autre sœur qui fut la grand'mère
du maréchal **Davout**.

et de la Moselle. Il se distingua particulièrement dans la campagne de 1792, en couvrant avec son régiment, du camp de Maulde à Valmy, le corps de Kellermann, qui exécutait une marche de flanc devant l'ennemi. Suspendu comme suspect le 22 septembre 1793, il fut remis en activité le 13 prairial, an VII (1er juin 1799) avec son grade de général de brigade. Le général de Monard était certainement appelé à la plus brillante carrière quand un accident de cheval l'obligea à quitter le service actif pour l'inspection aux revues. Les fonctions de sa charge l'envoyèrent à Marseille, Dijon, Bordeaux, à l'armée de Portugal en l'an IX, puis aux camps de Compiègne et de Montreuil, dans le Brisgau, à Carlsruhe. Nommé officier de la Légion d'honneur le 23 août 1814, il prit sa retraite à Autun le 7 février 1815, après cinquante-un ans de service. Il mourut en 1831.

Le général de Monard laissa deux fils qui suivirent la carrière militaire comme leurs ancêtres. L'aîné, Louis, major de cavalerie chevalier de Saint-Louis, officier de la Légion d'honneur, fut un des fondateurs de la Société Éduenne ; le second, Etienne, capitaine d'artillerie, chevalier de la Légion d'honneur, eut deux fils à son tour, Alphonse et Jules de Monard.

Alphonse de Monard naquit à Autun le 24 mars 1833. Après ses études de droit à Dijon, il vécut successivement à Marcheseuil et à Montot, commune de Brazey-en-Morvan, au sein de la famille de la Grange, à laquelle il s'était allié. Les menaces de la guerre de 1870 ne le laissèrent pas indifférent. Son concours fut accepté, et un arrêté du maréchal Niel, ministre de la guerre, en date du 20 mai 1869, le nomma capitaine dans la garde nationale mobile du département de la Côte-d'Or, (4e bataillon, 2e compagnie). Les cadres étaient à peine complets que le décret du 12 août 1870 appelait la garde mobile de la Côte-d'Or à l'activité. La concentration eut lieu à Semur, et ce fut au cœur même de la défense nationale, à Paris, que les mobiles de la Côte-d'Or furent envoyés. Leur belle conduite aux journées de Villiers et de Champigny appartient au domaine de l'histoire. Le commandant d'Andelarre, digne successeur du vaillant colonel de Grancey, proposa Alphonse de Monard pour la croix ; mais les jours s'écoulèrent, d'autres hommes se produisirent, et l'oubli se fit sur le modeste combattant de Champigny. Rendu à la vie privée, Alphonse de Monard entra comme membre à la Société Éduenne, dont il devint secrétaire, et où il se fit remarquer par des travaux consciencieux. Il mourut à Autun le 13 septembre 1893, laissant deux enfants : Marie de Monard, mariée à M. de la Grange, officier supérieur, et Louis de Monard.

Jules de Monard continue d'une manière brillante les traditions militaires de sa famille. Lieutenant aux chasseurs de la garde, il fut blessé, le 16 août 1870, à la bataille de Gravelotte, mis à l'ordre du jour de l'armée, décoré et élevé au grade de capitaine à cette occasion. Il est aujourd'hui commandeur de la Légion d'honneur, et général commandant l'Ecole militaire de Saint-Cyr [1].

L'ancien château de Marcheseuil devait se trouver au milieu du village, sur le plateau occupé aujour-hui par le parc de la maison Monard, au fond de la cour actuelle, à partir de l'emplacement des écuries construites récemment. On y trouve un mur ancien, d'un mètre d'épaisseur. La vieille maison de ferme, démolie il y a quelques années, était d'une époque reculée, peut-être antérieure au xvi⁰ siècle. Le pavillon carré, situé vers l'entrée de la maison, est également assez ancien. La maison de Mauroy était séparée des bâtiments de ferme par un mur très élevé, construit au moment où la propriété fut divisée, sous le règne des Mauroy, dont quelques membres habitèrent l'ancienne maison de ferme. Le portail d'entrée se trouvait à gauche de la tour carrée ; il fut transporté à droite lors des modifications établies par M. Alphonse de Monard il y a quelques années. Il porte la date de 1778, et fut construit par M. de Somme, après son mariage.

La butte située en avant de la maison de Monard, appelée *Sous l'orme*, était une terrasse provenant de matériaux de déblaiement. Elle se trouvait

----

1. Voir la notice biographique lue par M. Anat. de Charmasse, dans la séance du 5 avril 1894, sur Alphonse de Monard.

(*Mémoires de la Société Eduenne,* **nouv. série, t. XXI**).

dans le périmètre de la propriété des Mauroy. Mais, par suite d'arrangements, on fit des clôtures, et on abandonna ce terrain, qui devint propriété communale. Cette place fut nivelée, il y a quelques années, et on couvrit en même temps les cours du ruisseau et de la fontaine Saint-Marcel.

Ce terme *Sous l'orme* nous rappelle d'antiques usages. Ces ormes qu'on voyait autrefois près des églises et sur les places publiques, pouvaient dans leur principe, remonter au paganisme. On attachait à certains arbres les symboles des guérisons que l'on prétendait avoir obtenues des fontaines, etc. C'était aussi sous l'orme qu'on traitait les affaires publiques et qu'on rendait la justice. Guillaume, comte d'Auxerre, donna une charte à l'abbaye de Molesme en 1085, *dans le chatelet, sous l'orme*. En 1421, Saint-Florentin avait un orme *sur la place et motte commune*. Les conseils de fabrique de Seignelay et de Montigny se tenaient sous des ormes. On sait que Sully, ministre de Henri IV, fit rendre une ordonnance qui obligeait chaque paroisse à planter un orme sur la place publique ou auprès de son église [1].

---

1. *Mémoires historiques sur la ville de Seignelay*, par l'abbé Henri, I, p. 87.

CHAPITRE VII

HAMEAUX : § I. — SUZE

Etymologie — Les familles de Semur, de Brion, Le Maire, d'Aguilly, de Bouton, de Saubiez — La Ligue — Le Fort es Bourées.

Nous commençons l'étude des hameaux de Marcheseuil par Suze, à cause de son importance historique et numérique.

Nous voici en présence d'un mot excessivement ancien, et dont le sens exact est par conséquent très difficile à établir. C'est du préhistorique. Ce nom fluvial ou local appartient aux langues originaires. Peut-être est-il ligurien ou celtique ? Il s'applique à des cours d'eau, à des villes ou villages, à des tribus, à des peuplades.

M. d'Arbois de Jubainville a signalé, dans la *Re-*

vue archéologique, les analogies qui existent entre
les noms de différentes tribus et d'un grand nombre de villes, noms d'allure semblable. Il donne
plusieurs détails et explications portant sur la r -
cine *sego* ; dans les langues indo-européennes, *sagh*,
« tenir, résister, être puissant », d'où seraient venus
le grec ἐχυρός, pour *seghuros*, « fortifié », et le
sanscrit *sahuris* pour *saghuris* « puissant, fort [1]. »

M. de Coston, dans son ouvrage intitulé : *Etymologie des noms de lieux de la Drôme*, à propos
des Suze de ce département, y voit une contraction
de *Segusto*, rappelant une idée de force, courage
et combat, comme dans le *Seg* de *Segalauni*, et celui de *Siger* de *seich* « combat », *seagh* « courage »,
sigh « briser [2]. [3]. »

---

1. *Revue archéol.* Nouvelle série, t. XXX, pp. 312-315. — *Géographie de la Gaule romaine*, par Ern. Desjardins, t. II, pp. 93
et 94.

2. *Etymologie des noms de lieux de la Drôme*, pp. 231 et 229.
— *Bulletin de la Société d'archéologie de la Drôme*, t. VI, pp.
5 à 113.

3. Le mot *Suze* s'applique :

1° A des fleuves, rivières ou torrents :

Sus, torrent de la Béotie ;

Sus, rivière d'Afrique, au royaume de Maroc, donne son nom
à la province de *Sus* (*Sous*) ;

Sus éloigné, ou *Sus de Numidie*, voisine de la précédente ;

Susus ou *Suzus*, fleuve de l'Inde (*Dictionnaire de la Marti-
nière*) ;

Susia, ancien nom de la rivière de Suze (Italie) ;

Suzon, (*Sisunnus*, 836, *Susciones*, 837, *Suzio*, 1066), affluent de
l'Ouche à Dijon ;

Suze, affluent de l'Arroux, prend sa naissance à Liernais
(Côte-d'Or), passe à Suze, hameau de Marcheseuil ;

Sega, Segaha, Sigum, au moyen-âge aujourd'hui, *Sieg,* est

Il est bon d'observer que lorsque les anciens noms celtiques, gaulois ou romains ont été traduits en langue latine ou barbare, on a dû conserver généralement le sens ancien. Les noms gaulois et autres se tiraient de la position, de la nature

---

un fleuve qui prend sa source à Siégen, traverse Siegbourg, et se jette dans le Rhin, au dessous de Bonn (Allemagne);

Sig, cours d'eau de la province d'Oran;

Segura, rivière d'Espagne.

Cf. les formes *Saucona* (Saône) *sauc*, épithète caractéristique, qu'on retrouve dans le bas-breton *suc'h*, « stagnant » (*Revue archéol.*, t. XV, p. 153).

Puis les formes *Segona*, *Sigona* et *Secana* du moyen-âge, employées par Grégoire de Tours et Frédégaire, pour désigner la Seine.

2º A des peuplades, villes ou villages.

M. Ern. Desjardins, parlant des peuples liguriens du sud-est de la Gaule, du royaume de Cottins, énumère les suivants :

Segovii, dont le nom, dit-il, appartient à l'onomastique gauloise, et qui auraient été, selon Durandi, sur la rive droite de la *Duria Riparia*, entre la descente du mont Genèvre et le col de la Sestrières, lequel conduit du val de Suze dans le val de Fenestrelles, parce qu'il existe, au sud et à l'est d'*Oulx*, deux villes du nom de *Sauze* et de *Sauyes*, qui lui semblaient rappeler le nom de ce petit peuple;

Segusini, dont on peut comparer, mais non confondre le nom avec celui des *Segusiavi* du Forez et du Lyonnais. Ils occupaient le territoire de *Segusio*, *Suze* (Italie). Nous ne pouvons nier ni affirmer, malgré des coïncidences géographiques remarquables, que ce nom soit ligurien. Car, si nous rencontrons ses analogues dans les pays que nous savons, de certitude, avoir été occupés anciennement par les Ligures comme les environs de Marseille, par les *Segobrigii*; la partie orientale de la rivière de Gênes, *Segerta Tiguliorum*; les abords de Sisteron, *Segustero*; certaines parties de l'Espagne, où les textes classiques nous apprennent que les Ligures ont anciennement disputé le terrain aux Ibères, les deux *Segobriga*, Segorbe et Priego, *Seguntia* ou *Sagontia*, la fameuse *Sagonte*, vers *Siguenza*, *Segovia*, *Segovii*, etc.,nous pouvons remarquer, d'audu sol rocheux, fertile, etc., ou d'un nom d'homme, comme aujourd'hui les noms du cadastre, comme on lit à la Révolution, lors des changements, ex. *Belle Roche*, pour Saint-Mesmin, etc.

Suze, *Seuze*, dans un titre de la cathédrale d'Autun,

---

tre part, que le même préfixe se rencontre aussi : dans la basse vallée de l'Isère : les *Segovellauni*, peuplade sous le patronage des *Cavari*, formant une confédération sur toute la rive gauche du Rhône, et dont les limites servirent de cadre à la cité romaine de *Valentia*; dans le Forez et le Lyonnais, les *Segusiavi*; dans le Rouergue, *Segodunum*, Rodez; aux environs de Besançon, *Segobodium*; puis, plus loin encore, *Segessera*, vers Bar-sur-Aube, (*Table de Peutinger*); *Aquæ Segestæ*, entre Auxerre et Orléans (ibid.); *Aquæ Segetæ* Montbrison (ibid.); *Segora*, entre Nantes et Poitiers (ibid), *Segorigienses*, près de Cologne (*Inscript. rhénanes de Brambach*, n° 306); en Pannonie, *Segesta*, *Sissek* ou *Sizak*, sur la Save; au fond de l'Adriatique, chez les *Carni*, *Segeste*; en Germanie, enfin, *Segodunum*, vers Wurzburg. A ces noms, M. d'Arbois de Jubainville aurait pu ajouter la ville sicilienne de *Segeste*, ce qui rentrait dans son système touchant les Sicules, considérés par lui comme un des rameaux principaux de la race ligurienne. (*Géographie de la Gaule romaine*, par Ern. Desjardins, t. II, pp. 93 et 94).

Nous pouvons ajouter en Bourgogne : *Cestre*, commune de Saint-Martin du Mont (Côte-d'Or), *Segestrum*, VI° siècle *Reomaus*, et *Cestre*, commune de Verdonnet, *Segestrum*, que M. Ern. Petit prétend être le *Segessera* placé par d'autres à Bar-sur-Seine. En Grande Bretagne même étaient établis les *Segontiaci*.

M. d'Arbois de Jubainville pense que les bassins de la Loire, du Rhône et de la Seine même faisaient partie de la Ligurie, vers l'an 800 avant notre ère. (*Les Ligures. Revue arch. t. XXX*, p. 373. — *Les premiers habitants de l'Europe*, p. 226.)

M. Desjardins ne se prononce pas, n'ayant pas de preuves.

Justin montre le sol de la Provence occupé, à la fin du VII° siècle avant J.-C., par des Ligures, les *Segobrigii*, (Marseille) qui commençaient à faire place aux populations gauloises, avec lesquelles ils étaient en guerre, *magna cum Gallis fuere bella*.

Le territoire des Eduens comprenait primitivement le pays des *Segusiavi* (Lyonnais et Forez); mais, sous Auguste ou ses de l'an 1259. *Suse* dans un autre titre de l'an 1282, vient probablement de *Segusia,* forme latine d'un mot plus ancien et paraît indiquer l'idée d'une forteresse, d'après M. d'Arbois de Jubainville.

Nous ne possédons pas sur Suze de document antérieur au xiiie siècle ; nous ignorons si cette terre eut une origine différente de la terre de Marcheseuil, à laquelle elle était réunie.

On rencontre à Suze, dès le xiiie siècle, une série de familles nobles, dont quelques membres sont qualifiés maires de Suze. Ils régissaient ainsi la seigneurie du chapitre d'Autun, tout en gérant leur propriété plus ou moins considérable.

JEAN DE SEMUR (1290).

Jean de Semur (Sans mur), maire de Suze, figure dans un bail à cens fait en 1290 par les seigneurs

---

successeurs, ce dernier pays fut détaché du territoire des Eduens, qui était trop vaste pour former une seule cité.

Suze la Rousse, (Drôme). *Suza Ruffa,* n'a pas de formes antérieures au xiiie siècle ;

Suze, du canton de Crest-nord (même département), s'appelle *Sausie,* en 1163, *Exequtia, Secusia, Secussia,* en 1178, *Seuza, Seusa,* aux xiiie et xive siècles.

La Suze (Sarthe), *Secusa,* en 1044, Seuza.en 1097, *Suza* en 1146 (Lettre de M. Lacroix, archiviste de la Drôme).

Suzeau, hameau de la commune de Saint-Martin-s-Montaigu (Saône-et-Loire), etc., etc. (*a*).

(*a*) **Segh,** dans les langues celtique et germanique, racine qui exprime le succès dans la guerre, se reconnaît dans l'irlandais *segun,* « j'atteins », dans l'allemand *sieg,* « victoire », en gothique, *ségis,* remontent à un thème indo-européen neutre **seghos-seghes,** en sanscrit *sahas,* dans le zend *hazank.*

de la cathédrale à sa personne et à Colette, sa femme, ainsi qu'à Guillaume de Luxon, et à Marguerite, sa femme. Ce bail, rappelé dans un *vidimus* fait par l'official d'Autun, le 13 juillet 1314, concernait une pièce de terre située au finage de Marcheseuil appelée la *Gurge de Marcheseuil*, sous la charge de six setiers de froment [1].

GUILLAUME DE BRION (1325).

Guillaume de Brion, maire de Suze, se déclare tenancier des seigneurs d'Autun dans un acte de 1325 [2].

GUILLAUME LE MAIRE (vers 1380).

Guillaume le Maire apparaît, au XIVe siècle, comme possesseur d'un domaine à Suze.

Il eut deux filles : Colette et Marguerite. Le 24 juin 1397, Marguerite était veuve de **Jean d'Aguilly**. A cette date, Colette fait une donation entre-vifs à sa sœur de tous ses biens meubles et immeubles [3].

---

1. Arch. de Saône-et-Loire. G.
2. Voir le chapitre VI, à propos de la justice des seigneurs de la cathédrale.
3. Arch. de Saône-et-Loire. — Les Le Maire, d'Autun, dont un membre fut procureur général de Charles le Téméraire, portaient : *d'or à deux fouets mis en pal et adossés d'azur, au chef de même chargé de deux étoiles à six pointes d'or.*

FAMILLE D'AGUILLY (vers 1400).

Le domaine de Suze, passé par alliance à la famille d'Aguilly, prit de ce chef le nom de *Meix d'Aguilly*.

Nous venons de parler de *Jean d'Aguilly*. Il est question de *Nicolas d'Aguilly* et de Guillaume Milot dans un acte de 1471 [1].

JEAN DE BOUTON (1433).

Le *Meix d'Aguilly* passa à la famille de Bouton, par alliance et acquisitions.

La maison de Bouton, de l'Autunois, dont plusieurs membres devinrent célèbres dans nos fastes militaires, portait : *de gueules à la fasce d'or*. Quelques-uns avaient pris pour devise : *Le bouton vaut la rose*.

En 1433 et les années suivantes, *Jean de Bouton*, écuyer, demeure à Suze. Il avait épousé Agnès d'Aguilly.

En 1441, les familles de Bouton et Milot, alliées probablement, se partagent les maisons appelées mairie de Suze.

Cet acte de partage eut lieu entre *Agnès du Pin*, damoiselle, de l'autorité dè *Colas Milot*, son mari, et *Agnès d'Aguilly*, damoiselle, de l'autorité de Jean de Bouton, son mari. Il y est question de la

---

1. Ibid.

Saule vieille, ou ancienne mairie, et de la *Saule neuve* « nouvelle mairie que la dite Du Pin bâtit en la cour [1]. »

Nous pensons pouvoir concl re de ces données que la mairie de Suze était bien la maison Guenot actuelle, située à gauche du cours de la rivière. L'ancienne mairie, dite *Saule vieille*, devait se trouver à la place exacte de la maison d'habitation rebâtie dans la première partie de ce siècle. La nouvelle mairie, *Saule neuve*, n'était probablement que le bâtiment situé à droite en entrant dans la cour. Cet édifice, dont les étages supérieurs ont été abattus, présente bien les caractères de l'architecture du xve siècle, avec fenêtres geminées à double accolade.

La même année 1441, le chapitre d'Autun céda à Jean de Bouton, une rente annuelle de quarante sols tournois, assise sur les héritages dépendant de la *Tour de Rougemont*, finage de Suze « deçà l'eau », sur la rive droite de la rivière, lesquels quarante sols avaient été achetés en 1437 de Jean de Vianges, écuyer [2].

Le 25 juin 1442, Jean de Bouton, écuyer, capitaine de Sully, achète de Guillaume de la Forêt la terre et seigneurie du Thillot, et tout ce que le vendeur possède aux Bordes, moyennant quatre-vingts livres tournois [3].

---

1. Ibid.
2. Ibid.
3. Ibid.

Désormais les Bouton vont prendre une certaine importance, et porteront le titre de sires de Suze et du Thillot.

L'armorial de l'abbé Bredeault, déposé à la Bibliothèque de Beaune, porte : « Bouton du Tillot (Bourgogne), *d'argent à la croix d'azur; écartelé de gueules à 5 merlettes d'argent, 3, 2.* »

Le 3 mars 1534, une vente de onze soitures de prés et deux journaux de terre est faite par Guillaume de la Baume, chevalier, et Marguerite de Corbeton, sa femme, aux seigneurs de la cathédrale d'Autun, moyennant cent livres [1].

En 1464, Jean de Bouton et Agnès d'Aguilly vivaient encore.

PHILIBERT DE BOUTON (1467).

Philibert de Bouton, probablement fils du précédent, acquit en 1467 une partie de la maison dite *Saule vieille*, chargée de la redevance d'un cierge livrable à la fête de Saint-Nazaire, au second *Gloria Patri* [2].

En 1475, le même, qualifié écuyer, capitaine de Vergy, fait des acquisitions à Suze.

Dans une transaction de 1485, il est qualifié maire de Suze.

En 1486, il fait remise du cierge et procès-verbal en est dressé.

---

1. Ibid.
2. Ibid.

Le 18 mai 1500, Philibert de Bouton agrandit son domaine en achetant, moyennant cent livres tournois, la tierce partie du meix appelé *Meix d'Aguilly*, et la tierce partie des terres de *Mazières*, de *Michel Vince* et damoiselle *Nicole d'Aguilly*. Ces terres étaient advenues aux vendeurs par le décès de *Nicolas* et *Jean d'Aguilly*, par indivis avec *Marguerite d'Aguilly*, sœur de la venderesse [1].

Philibert avait épousé *Maydelaine de Clugny*, qui était veuve en 1502, et accomplit le devoir de la remise du cierge, comme y avait été tenu son époux.

Philibert de Bouton eut pour enfants : *Jacques de Bouton*, sieur du Thillot, que nous retrouverons au chapitre des Bordes ; deux *Jean de Bouton* successivement prieurs commendataires de Saint-Romain, et *Louise de Bouton*, mariée à un sieur Le Fèvre.

JEAN DE BOUTON (1519-1532).

Jean de Bouton constitua en 1519, au chapitre de Beaune, une rente annuelle de vingt-huit livres, qu'il assigna sur les terres du Thillot et de Suze, dont il se qualifiait seigneur.

En 1527, François Ier, par lettres patentes, ajourna devant lui Jean de Bouton, prévôt de Couches, concierge et maire de Suze, et envoya un

---

1. Ibid.

9.

sergent et un notaire à Suze, pour informer sur les droits que les chanoines d'Autun prétendaient leur appartenir sur la maison de la mairie. Les chanoines furent maintenus dans leur possession par sentence de 1528 [1].

En 1530, Jean de Bouton, qualifié seigneur du Thillot et de Suze, docteur en droit canon, chancelier de Rouen, prévôt de Couches, et chanoine de la collégiale de Beaune, fonda dans l'insigne collégiale Notre-Dame de Beaune, la chapelle Saint-Flocel, dite la *Chapelle de Couches*, ou la *Belle Chapelle*, comme on l'appelait primitivement.

Cette chapelle, la première à droite en entrant, est en effet l'un des plus riches types connus de la Renaissance secondaire. On admire tout particulièrement sa voûte plate en parquets, divisée en compartiments à caissons, avec des culs-de-lampe et des bas-reliefs, en bossage. Une frange sculptée, d'une belle exécution, garnit l'arcade. Sept statues en albâtre, représentant les quatre Évangélistes, S. Jean-Baptiste, Moyse et David, en faisaient le principal ornement. On voyait le « pourtraict » du fondateur, avec ses armoiries, sur un panneau de vitrail. La fenêtre était décorée d'une verrière peinte, un joli débris en subsiste encore. Tout cela est d'une rare beauté. La Révolution a détruit la verrière et les statues. Dans un cadre du pilier de droite est gravée la date de 1530.

---

1. Ibid.

Il faut croire qu'au milieu du xviie siècle, la famille du fondateur abandonna ses droits ou les perdit, faute de succession directe, vu que le 1er juin 1651, Jean-Baptiste Delamare, prêtre, docteur en droit, fonda une chapelle, sous le titre de Saint-Flocel, en l'autel de la chapelle vulgairement appelée *de Couches*[1].

D'après une copie d'un terrier dressé en 1550 par ordre du prieur de Saint-Hilaire de Saint-Romain, Jean de Bouton, titulaire dudit prieuré résigna en faveur de son frère également nommé Jean[2].

Jean de Bouton mourut en 1532.

Jean de Bouton, frère du précédent, lui succéda comme prieur de Saint-Romain, en 1532. Il est aussi qualifié chanoine d'Autun. Il mourut en 1566, après avoir donné Marigny-lez-Reullée à Claude Le Fèvre, écuyer, fils de Louise de Bouton, sa sœur naturelle[3].

JEAN DE SAUBIEZ (1530-1442).

Vers 1530, quelque temps avant sa mort, Jean de Bouton l'aîné, le prévôt de Couches, avait fait donation des terres et seigneuries de Suze et autres à son parent, peut-être neveu, *Jean de Saubiez*,

---

1. *Mémoires de la société d'histoire*, etc., *de Beaune*, année 1890, pp. 159-160.

2. Arch. nation. — Collection de Joursanvau. — *Mémoires de la société d'histoire*, etc., *de Beaune*, année 1889, p. 224.

3. *Mémoires de la société*, etc., *de Beaune*, t. XIII, p. 223.

écuyer, seigneur de Saint-Bonnet, fils de damoiselle *Jeanne de Bouton*, d'un premier mariage. Cette Jeanne, remariée à *Jean de la Hutière*, écuyer, dans un traité conclu entre son mari, elle, et ledit Jean de Saubiez, ratifie la donation faite à son fils [1].

En 1530, Jean de Saubiez est dit seigneur du Thillot, de Suze, et de Saint-Bonnet. En 1539, il fait remise du cierge. En 1541, il passe un bail à cens.

La même année 1541, Jean de Saubiez fait un traité avec le chapitre d'Autun, relativement à la vente du domaine de Suze pour la somme de 8,500 livres, avec 60 livres comprises pour la fondation d'une messe quotidienne dans la chapelle de Suze, que les seigneurs feront desservir [2].

On trouve à la date du 3 octobre 1542, un acte par lequel Me Charnot, chanoine d'Autun, déclare que la terre et seigneurie de Suze, avec ses dépendances, ayant été exposée en vente par décret, en la chancellerie d'Autun, lui fut délivrée moyennant la somme de 8,500 livres ; que cette somme avait été prise au trésor des seigneurs de la cathédrale, et qu'il offre leur faire cession de la dite seigneurie, quand ils le requerront [3].

Durant la même année, le chapitre devint propriétaire du moulin de Suze. Ce moulin, avec le pré de l'écluse, avait été vendu, le 25 juin 1542,

---

1. Arch. de Saône-et-Loire.
2. Ibid.
3. Ibid.

par Jean de Saubiez, à Philibert Caillet marchand à
Arnay, moyennant 245 livres. Celui-ci le revendit
à J. Charnot, chanoine d'Autun, pour le même
prix [1].

SUZE SOUS LA LIGUE (1569).

Au temps de la Ligue, Suze, comme de nombreuses propriétés du chapitre eut à souffrir des
pilleries des partisans huguenots. En 1569 « François Billard, dit le Mouchet, a perdu ses biens, outre l'homicide commis sur la personne d'un sien
fils, chargé de plusieurs enfants, et a été sa métairie brûlée par le camp ennemi [2] ».

LE FORT ES BOURÉES.

Il y a entre Suze et Sansange, commune de Voudenay, à l'extrémité du territoire de la commune
de Marcheseuil, à droite de la rivière, au milieu
des bruyères, un lieu dit au cadastre *Fort es Bourées*. On y voyait trois tertres, situés à peu près en
ligne droite, à peu de distance les uns des autres.
Un de ces tertres fut enlevé, il y a quelque temps,
pour combler une dépression de terrain dans le pré
voisin. Ils ont une forme circulaire, en cône tron-
qué; la sommet mesure 15 m. de diamètre; le

---

1. Ibid.
2. *Histoire de la Réforme et de la Ligue, dans la ville d'Autun*,
par Hippolyte Abord, p. 406.

mieux conservé a 1 m. 20 de hauteur; la base est protégée par des pierres : il y avait même, paraît-il, des pierres de taille qui furent utilisées par les gens de ces hameaux.

Des tranchées dirigées d'un bout à l'autre du rayon, et pratiquées jusqu'au sol vierge, ne restituè-rent en 1893, que du terreau noirci, des pierres de diverses dimensions, dont un grand nombre léchées par les flammes, du bois brûlé à une extrémité. Nous étions donc en présence de ruines occasion-nées par l'incendie dans un temps et des circons-tances difficiles à déterminer. On aura réuni tous ces matériaux pour l'aménagement de la propriété.

Il ne s'agit donc pas de sépultures. Nous avons affaire à des bâtiments. Quant à leur destination, nous ne pouvons qu'émettre des hypothèses. Il faut tenir compte du mot *Fort*. Le cadastre dit : *Fort es Bourées*, les gens, *Fort éboulé*, ou *es Bouley*. Si c'était un fortin gallo-romain, il y aurait un fossé. Nous avons mentionné plus haut l'existence en 1441 d'un fief appelé la *Tour de Rougemont*, au finage de Suze, « deçà l'eau », c'est-à-dire sur la rive droite, fief qui appartint au sire de Vianges, puis au chapitre d'Autun. D'autre part, M. Garnier signale un lieu détruit, du nom de *Roncevaux*, entre Suze et Sansange, dont il est fait mention dans un terrier de Meloisey, de l'an 1290. Enfin, à l'ouest sur le coteau, il y a le bois de *Roserot*. Tous ces mots désignent-ils des choses différentes, nous l'ignorons ; nous signalons les similitudes. Quoiqu'il

en soit, on se trouve en résumé, en face des ruines d'un édifice du moyen-âge, auquel se rattache
une idée de défense, occasionnée par son isolement
ou sa destination, idée qui s'est perpétuée dans les
mots *fort, tour*. Serait-ce la métairie exploitée par
Billard, incendiée par les Huguenots en 1569?

Il y a quelques années, le passage de la rivière,
à Suze, était difficile et même dangereux au moment des fortes crues. Pour faire cesser cet état de
choses, trois ponts en pierre furent construits en
1861 et 1862, par Jacques Bénetot, entrepreneur à
Arnay-le-Duc, sous la surveillance de M. Pacaut,
agent-voyer à Liernais.

CHAPITRE VIII

HAMEAUX : § II. — LA RIVIÈRE

Le Meix au Doyenné. — Curieux usage.

La Rivière, hameau de Marcheseuil, est à droite de la Suze. Le mot *Riparia*, dans les textes du moyen-âge signifie une rivière; il est dérivé de *ripa*, rive, expression employée alors elle-même dans le sens de rivière. Il est question de la Rivière, *Ripparia*, en 1290, dans le Terrier de Meloisey [1].

Il y eut, à la Rivière, depuis les temps les plus reculés, un domaine appelé le *Meix au Doyenné*, appartenant au chapitre de la cathédrale d'Autun. Il comprenait à peu près 83 journaux [2].

Nous trouvons un usage curieux à propos de cette propriété.

---

1. *Nomenclature hist. des communes*, etc., par J. Garnier.
2. Arch. de Saône-et-Loire. — Fonds de la cathédrale.

Le possesseur du *Meix au Doyenné* au *Doyen* était tenu, jusqu'au siècle dernier, de venir ou d'envoyer un homme, pour présenter, à genoux, le 28 juillet, à l'heure du premier *Gloria Patri* du premier répons de Matines, à la cathédrale d'Autun, une torche du poids d'une livre. Il baisait la patène portée par le diacre. C'était, paraît-il, une redevance réservée par le chapitre, non, selon une tradition populaire, une peine infligée au propriétaire du champ, pour quelque délit [1]. Cet acte religieux symbolisait l'union et la soumission.

Pierre Caillet, de Marcheseuil, se conforma à cet usage en 1480, comme tenementier du *Meix* [2].

Louis Forncret, de Marcheseuil, possesseur du *Meix au Doyenné*, devait au chapitre six francs de rente payable au jour de Saint-Martin d'hiver, et un cierge d'une livre de cire au jour des SS. Nazaire et Celse, d'après le Terrier de Marcheseuil, en 1560 [3]. Les procès-verbaux de la remise du cierge existent pour les années 1556-1557-1570-1571.

Ce meix est ainsi désigné dans le Terrier de 1560 : « Quatre chapts de maison en chauffeur, aisances et deux toits, cour, jardin et chenevière, tenant ensemble, provenant du *Meix Doienné*, tenant, d'un long, au chemin allant de la Rivière à Suze, d'au-

---

1. Courtépée, t. II, art. *Autun.* — Cet usage de baiser la patène existe encore dans la liturgie russe.
2. Arch. de Saône-et-Loire.
3. Ibid.

tre long, au ruisseau, d'un bout à l'aisance, et de l'autre bout, dessus, à Jean Martin et autres.

Une procédure fut instruite en 1734 et 1735, en la chancellerie d'Autun, entre M. Joseph de Bard, chanoine de l'église cathédrale d'Autun, Hugues Valletat, marchand, demeurant à Marcheseuil, les seigneurs de la cathédrale d'Autun, Lazare et Pierre Deschamps, consorts [1].

Le *Meix au Doyenné* passa de Louis Forneret à la famille Lantissier, de la Rivière, qui le possédait encore à la veille de la Révolution [2].

---

1. Arch. de la Côte-d'Or. G. 173.

2. Au commencement du siècle dernier, un sieur Charles Theveneau acquit un domaine à la Rivière, comprenant des bâtiments et héritages. Il existe aux Archives de Saône-et-Loire, une déclaration des dits bâtiments et héritages, acquis dans les années 1721, 1722, 1723, 1729, 1730, 1732, 1733, 1734, 1736.

CHAPITRE IX

HAMEAUX : § III. — CHERCHILLY

Seigneurie et château — Les familles : de Saint-Léger — de Fautrières — Lantissier — Dugon — d'Arcelot de Dracy.

Nous avons vu, au chapitre III, l'étymologie, l'ancienneté de Cherchilly ; nous avons étudié, au même lieu, son établissement gallo-romain des Grands Poix. Il nous reste à parler de sa seigneurie et des familles qui ont occupé son château.

Cherchilly fut moins absorbé que les autres hameaux de Marcheseuil par le chapitre de la cathédrale d'Autun, qui n'y percevait que la moitié des dîmes, comme on le voit dans un procès-verbal de visite épiscopale de l'année 1671, tandis qu'il levait celles de tout le reste de la paroisse [1].

D'après un terrier de 1556, Cherchilly était de la justice de Saint-Symphorien-lez-Autun [2].

---

1. Arch. de Saône-et-Loire. G.
2. Ibid.

Il y eut, dans ce hameau, une seigneurie et un château, dont nous allons signaler les propriétaires connus.

I. — La famille de Saint-Léger.

PHILIBERT DE SAINT-LÉGER (1601).

Philibert de Saint-Léger, écuyer, seigneur de Montregard, figure dans une requête des seigneurs de la cathédrale, au sujet des jours tenus par lui à l'*Ouche Mourot*, à Marcheseuil, en 1601. Il devait être propriétaire d'un fief, puisqu'il se permettait d'exercer des droits de justice. Ce fut déjà, pensons-nous, le domaine de Cherchilly, seigneurie que possédèrent les Saint-Léger, comme nous allons le voir.

CHARLES DE SAINT-LÉGER (1652).

Charles de Saint-Léger, probablement fils du précédent, capitaine au régiment de Tavanes, descendait de Robert de Saint-Léger, époux d'Isabelle de Rully, qui lui porta en dot la terre de ce nom, au XIVe siècle [1].

Il épousa Laurence Gond, comme le prouve la pièce suivante.

Dans une copie du 7 décembre 1652, des écritu-

---

1. *La noblesse aux États de Bourgogne*, p. 289.

res furent fournies par damoiselle Laurence Gond, femme séparée de biens de Charles de Saint-Léger, écuyer, sieur de Montregard, dans l'instance pendante au balliage d'Autun, entre elle et les seigneurs de la cathédrale d'Autun, et Jean Dupuis, leur métayer, au sujet du droit de deuxième herbe, dans des prés au climat de *Pré Bon*, alias *Boux*, finage de Cherchilly, où les seigneurs d'Autun avaient aussi des prés [1].

Dans le procès-verbal de la visite des feux de l'Autunois faite après les guerres de la Ligue, on lit à la suite de la visite de Marcheseuil :

« On se rendit ensuite à Charsilly (Cherchilly), appartenant à M. Montregard (Charles de Saint-Léger, seigneur de Montregard, Cherchilly et Sivry) ; on constate 13 habitants imposés, desquels 5 sont laboureurs, tenant charrue, les autres personnes sont journalières, vivant pauvrement ; les maisons sont en assez bon état ; il n'y a point de communaux ; ils étaient exempts des gens de guerre, et ne devaient rien en corps de communauté, sont de condition franche » [2].

CLAUDE DE SAINT-LÉGER (1671).

Claude de Saint-Léger, sans doute fils du précédent, écuyer, seigneur de Montregard et Cherchilly

---

1. Arch. de la Côte-d'Or. G. 173.
2. Mémoires de la Société Eduenne. Nouvelle série, t. V, pp. 436 et suiv.

épousa Elisabeth Chappon de la Bottière [1], morte en 1718, et inhumée dans l'église de Marcheseuil. Il figure en 1671 et en 1693.

II. — La famille de Fautrières.

La famille de Fautrières a pour armes : *d'argent, au sautoir de sable, chargé de cinq coquilles d'or.* Devise : *Tendre et fidèle.*

C'est une très ancienne famille du Charollais, qui reconnaît pour auteur Anselme de Fautrières, témoin de l'acte de fondation du doyenné de Blanzy, en 1060. Cette maison qui posséda la terre de Courcheval en franc alleu depuis 1230 jusqu'au XVIIIe siècle, et qui y joignit quatorze châteaux, eut treize de ses membres tués sur le champ de bataille, pendant le règne de Louis XIV. Louis Marie de Fautrières, filleul de Louis XV, chevalier de Saint-Louis, capitaine de cavalerie, était seigneur de Beaubery en 1770 [2].

CLAUDE DE FAUTRIÈRES (1697-1721).

A la fin du XVIIe siècle, la terre de Cherchilly passa à la famille de Fautrières.

---

1. La Boutière, petit château situé sur la commune de Saint-Léger-sous-Beuvray. — La famille de ce nom portait : *d'azur à la fasce d'or accompagnée de trois croissants de même. 2 en chef, et 1 en pointe.*

2. *La noblesse aux Etats de Bourgogne*, p. 184.

Claude de Fautrières, seigneur de Cherchilly et de Montregard, épousa Catherine Boucard, dont il eut Charles, J. B. François, né en 1701, et Claude Marie. Il mourut en 1721, et fut enterré à l'église.

III. — La famille Lantissier.

Au milieu du siècle dernier, la seigneurie de Cherchilly fut possédée par la famille Lantissier, durant une trentaine d'années. Cette famille joua un certain rôle dans la commune. En 1756, les Lantissier étaient fermiers du chapitre d'Autun, à Suze. Une branche, établie à Suze, au lieu dit *la Sarrée*, fut opulente et prospère. Le dernier membre fut madame Lemonnier, mère de **M. Prosper Lemonnier**, décédé inspecteur d'Académie à Mâcon.

CLAUDE LANTISSIER (1750).

Claude Lantissier, marchand, seigneur de Cherchilly, mourut à Manlay en 1769.

En 1773, cette famille se composait, 1° de Claude Lantissier, ancien garde du corps du roi, propriétaire à Marcheseuil ; 2° de Joseph Lantissier, qui demeurait à La Rivière ; 3° des enfants mineurs de Léonard Lantissier, propriétaire aux Bordes. C'étaient les trois fils de Claude.

IV. — Les familles Dugon et d'Arcelot de Dracy.
1776. — XIXe siècle.

Les Lantissier vendirent le domaine de Cherchilly à la famille Dugon, de la Rochette, commune de Diancey, qui possédait Cherchilly, avec le moulin au Prost, en 1776 et en 1789.

La propriété passa ensuite par alliance à la famille d'Arcelot de Dracy, qui la vendit en détail, dans ce siècle.

Le château de Cherchilly appartient aujourd'hui à la famille Largy. Cette maison est d'une architecture assez simple. Elle se compose d'un corps de bâtiment, flanqué d'un pavillon, du côté nord. Du côté sud, existait une petite chapelle, détruite dans le cours de ce siècle.

CHAPITRE X

Fief du Thillot : Les familles de la Forêt, de Bouton, de Saubiez — Domaine de Mauroy.

Les Bordes, *Bordas* en 1290 [1], est un nom qui s'applique à quantité de localités en France. Le mot borde vient de l'ancien haut allemand *bort*, table, planche et signifie loge, maisonnette, métairie, exploitation agricole.

Ce hameau est séparé de celui de La Rivière par la Suze. On vient de construire, en 1892, à la place de ponts de bois, un pont de pierre reliant les deux hameaux, et un autre, sur le ruisseau d'Angoste, pour le chemin des Bordes à Suze. La rue qui traverse Les Bordes est formée par des bancs de roches porphyriques.

Nous savons que la seigneurie du chapitre d'Au-

---

1. Terrier de Meloisey.

tun comprenait en partie les hameaux de Marcheseuil. Il y eut néanmoins, aux Bordes comme à Suze et à Cherchilly, quelques domaines indépendants que nous allons signaler : le fief du Thillot et le domaine de Mauroy.

I. — Seigneurie du Thillot.

Il y avait, aux xv° et xvi° siècles, sur le finage des Bordes, du côté de Jonchery, un petit fief, une petite seigneurie et justice dite du *Tillot* ou *Thillot*. Il existe encore un *bois du Thillot*.

Nous ne savons s'il ne faudrait pas identifier ce fief avec un lieu détruit, situé absolument dans la même direction, la *villa de Follaz* ou *Fuillaz*, entre les Bordes et Jonchery, dont il est question en 1223 et 1243, dans le Cartulaire de Bar-le-Régulier [1]. *Feuillaz* existait en 1479. André Bouchotte, qui en était laboureur, figure dans une vente [2]. On y a trouvé des vestiges de construction gallo-romaine, des débris de tuiles, du béton, etc. C'était peut-être un poste fortifié destiné à surveiller les passages du *gué de Mignard* et du *gué Laté* [3].

A propos de cette famille Bouchotte, on rencontre aux Bordes une maison, appartenant aujour-

---

1. *Nomenclature des communes de la Côte-d'Or*, par J. Garnier.

2. Arch. de Saône-et-Loire.

3. Voir au chapitre iv, *Voies antiques.* — Au lieu de *Gué Laté*, pourquoi a-t-on écrit au cadastre *Galatée*?

d'hui à la famille Gibassier, qui présente un cachet d'antiquité, et, au-dessus de la porte ronde, un écusson, en relief, avec l'inscription : *P. Bochotte*, 1579. Cette habitation se compose d'une très vaste pièce à large cheminée avec foyer se prolongeant fort en avant, en exhaussement sur le niveau du dallage, foyer qui serait, hélas! beaucoup trop considérable pour les familles d'aujourd'hui. Les ouvertures sont évasées intérieurement.

GUILLAUME DE LA FORÊT (1442).

Guillaume de la Forêt possédait le Thillot en 1442. Le 25 juin de cette année, il vendit cette terre à Jean de Bouton, écuyer, capitaine de Sully, comme nous l'avons vu au chapitre de Suze.

JACQUES DE BOUTON (1515).

Nous avons parlé plus haut des deux Jean de Bouton : il nous reste à dire quelques mots de Jacques de Bouton, leur frère.

Jacques de Bouton, seigneur du Thillot, prit possession, le 11 mars 1515, des maisons, terres et héritages, situés tant à Marcheseuil qu'aux environs, qui avaient été vendus par décret, sur noble homme Eudes de Marcheseuil à François Machin, citoyen d'Autun, et que le sieur de Bouton avait rachetés [1].

---

1. Archives de Saône-et-Loire.

Jacques de Bouton avait épousé Hénarde de la Magdelaine, qui ne lui donna pas d'héritiers. Celle-ci était remariée en 1519 à Claude de Cluny, chevalier, seigneur des Fours et du Brulard.

Le 14 juin de cette année 1519, un traité fut passé entre Jean de Bouton, prieur commendataire de Saint-Romain, chanoine de l'église de Rouen, héritier de Jacques de Bouton, son frère, sieur du Thillot, et dame Hénarde de la Magdelaine, sa belle-sœur. Il est dit que les acquêts faits par le dit écuyer, consistent en meix de Marcheseuil et Manlay, ayant appartenu à Eudes de Marcheseuil et à Amyot de Cordesse. On stipule qu'on aura la jouissance commune des propriétés, ou bien le dit prieur payera 720 livres, et un douaire de 100 livres par an à la dite dame, sa vie durant [1].

JEAN DE SAUBIEZ (1530).

Jean de Saubiez, que nous avons rencontré précédemment, était seigneur du Thillot, de Suze et de Saint-Bonnet, en 1530.

En 1568, la seigneurie du Thillot était commune entre le chapitre d'Autun et le seigneur du Rousset, qui était alors Anatole du Bois [2].

---

1. Ibid.
2. Arch. de la famille de Monard.

II. — Domaine de Mauroy.

Une branche de la famille de Mauroy, que nous avons vue établie à Marcheseuil, posséda un domaine aux Bordes depuis le XVIIIe siècle, et porta le titre de Mauroy des Bordes, tout en demeurant à Marcheseuil.

PIERRE-CLAUDE DE MAUROY (1690).

Pierre-Claude de Mauroy, écuyer, fils de Jean de Mauroy de Marcheseuil, sieur des Bordes, seigneur de Marcheseuil, Saint-Félix-lez-Arnay, etc., cornette de cavalerie au régiment de Bascheviller en 1690, capitaine au régiment de Mauroy en 1696, lieutenant-colonel du régiment de Condé-cavalerie en 1709, chevalier de Saint-Louis en 1726, épousa Marguerite de la Rivière, fille de Helme de la Rivière et de Marguerite de Contrecourt. Il vivait encore en 1735, Il eut pour enfants :

1° *Pierre de Mauroy des Bordes*, chevalier, né en 1692, lieutenant au régiment de Condé, puis au régiment royal-étranger. Il est question de lui dans un acte de 1742. Il épousa en 1730 Anne Robelot, fille du premier huissier du parlement de Bourgogne, et mourut en 1770.

2° *Marie-Claude de Mauroy*, qui épousa en 1716, Roch-Philibert de Courroy, écuyer, seigneur de Souvert, puis, en 1722, Philippe Quarré de Juilly, écuyer, seigneur de Souvert, Fontaines, Juilly,

Malpertuis, lequel eut une jambe emportée par le canon, à Malplaquet.

3° *Pierre-Louis*, qui suit :

4° *Jeanne-Marguerite de Mauroy*, mariée à François-Eustache de Scorailles, chevalier, seigneur de Saint-Félix, Fontaines, etc., capitaine au régiment de Bourgogne.

PIERRE-LOUIS DE MAUROY DES BORDES
(vers 1730).

Pierre-Louis de Mauroy des Bordes, fils du précédent, chevalier, seigneur de Buffon, Marcheseuil, Fontaines-lez-Arnay, lieutenant au régiment de Condé, capitaine au régiment de Grassin, puis capitaine au régiment de Lorraine-cavalerie, et chevalier de Saint-Louis, pensionné du roi, avait épousé Marie-Agathe Bault. Il mourut en 1773, et fut inhumé au chœur de l'église de Marcheseuil. Il eut pour enfants :

1° *Charles-Louis*, qui suit ;

2° *Marie-Jeanne de Mauroy* ;

3° *Barbe-Agathe de Mauroy*, morte en 1772, à 34 ans, et inhumée au chœur de l'église de Marcheseuil, sépulture de ses ancêtres ;

4° *Claudine-Pierrette de Mauroy*, qui faisait ses preuves de noblesse en 1737.

CHARLES-LOUIS DE MAUROY (1770).

Charles-Louis de Mauroy, chevalier, seigneur du

Grand-Millery, capitaine au régiment de Lorraine en 1770, et chevalier [de Saint-Louis, lieutenant-colonel des grenadiers de France de la comté de Bourgogne, dont le marquis de Mauroy était colonel, entra aux Etats de Bourgogne en 1775, comme membre de la noblesse, après avoir prouvé qu'il était ancien gentilhomme. Il passa en Amérique avec le grade de brigadier des armées du roi. On ignore quelle fut ensuite sa destinée [1].

A la fin du siècle dernier, le domaine des Bordes appartenait par héritage à mademoiselle Berthon de Quincy, qui le vendit à M. de Chevannes, d'Autun. Vers 1840, il y avait deux propriétés aux Bordes ; l'une appartenait à la famille Molin, de Beaune et fut vendue à cette époque ; l'autre à la famille Repoux, d'Autun ; elle fut aliénée vers 1856, et la famille Gibassier en possède la maison.

On raconte une légende aux Bordes. Il s'agit d'un chasseur ou d'une chasseresse, que l'on entend, durant la nuit, appuyer et exciter des chiens de chasse. Serait-ce un vieux souvenir de la Diane chasseresse ?

---

1. *Généalogie historique de la famille de Mauroy,* par Albert de Mauroy. — Registre de la paroisse de Marcheseuil.

CHAPITRE XI

RAPPORTS FÉODAUX
AVEC LA COLLÉGIALE DE SAULIEU
ET LE CHATEAU DE VIANGES

La collégiale de Saulieu — Le château de Vianges.

I. — Indépendamment du chapitre de la cathédrale d'Autun, la collégiale de Saulieu eut aussi des droits dans la paroisse de Marcheseuil. Nous avons vu Étienne de Marcheseuil reconnaître ces droits en 1590.

Un inventaire, déposé aux archives de la Côte-d'Or, fut fait à Semur, le 19 juin 1793, relatif aux titres concernant les redevances dues à la collégiale de Saulieu, au village de Marcheseuil. Ces titres commencent en 1407, et appartiennent aux années suivantes : 1423, 1432, 1443, 1545, 1569, 1578, 1642, 1742.

Ces redevances sont spécifiées dans une reconnaissance du 22 décembre 1742, faite au profit de

Messieurs de la collégiale de Saulieu, par Pierre de Mauroy, demeurant à Marcheseuil, et autres personnes. Elles sont de vingt livres en argent, dix boisseaux de froment, deux boisseaux de pois, et trois boisseaux d'avoine, payables annuellement, redevances affectées sur certains héritages [1].

II. — L'importante seigneurie de Vianges avait également des droits sur Marcheseuil et sur les hameaux de Cherchilly, La Rivière et Les Bordes.

En effet, un terrier du marquisat de Vianges dit que « les habitants de Vianges, Chauvirey, Chappe, Reuillon, La Rochette, Diancey, Jonchery, Les Bordes, La Rivière, Marcheseuil, Cherchilly, Bar-le-Régulier et Menin-Tiroux sont retrayants du château et maison-forte du dit Vianges, tenus au guet et garde du dit château en temps de guerre, à la moitié des réparations des mêmes emparements, et, en la totalité, des deux ponts qui sont sur les fossés du dit château, ainsi que les dits habitants y ont été condamnés par arrêt du parlement de Dijon, le 18 août 1730. »

---

1. Arch. de la Côte-d'Or. G. 502.

CHAPITRE XII

RÉVOLUTION DE 1789

**Cahier de doléances des habitants. — Marcheseuil
chef-lieu de canton. — Scène regrettable.**

En parcourant les cahiers des plaintes et doléances des paroisses et communautés de l'Autunois, qui reflétaient l'esprit public de l'époque, pour les Etats généraux de 1789, on rencontre partout, de la part des citoyens français, un profond respect, un amour sincère pour le roi Louis XVI, « le héros de l'humanité, le digne rejeton d'Henri IV », dit le cahier de Marcheseuil. Nulle part il n'était question de changer la forme du gouvernement. Ce prince, animé du désir du bien, reconnaissait avec tout le monde la nécessité d'apporter des modifications importantes dans les institutions ; il y avait des abus à supprimer, des lois libérales à établir. Pourquoi faut-il, qu'au lieu d'une évolution, on ait eu sous les yeux une révolution, avec son cortège de honteux personnages et de scènes sanguinaires ?

De l'analyse de ces cahiers, il résulte une double impression : l'une de reconnaissance pour les bienfaits obtenus, l'autre de regret pour les réformes réclamées et encore attendues, en même temps qu'une légitime inquiétude au sujet de celles qui n'étaient pas désirées, et dont l'accomplissement, par le fait de mandataires affolés, a troublé si profondément la stabilité politique du pays.

Le cahier des remontrances, plaintes et doléances des habitants de la paroisse de Marcheseuil fut dressé le 14 mars 1789. Il est l'œuvre emphatique d'un lettré sentimental qui vise à l'effet. Voici ce document, échantillon du style de l'époque, où le rédacteur expose d'une manière lyrique l'état des esprits et les *desiderata* ou espérances conçues.

CAHIER DES REMONTRANCES, PLAINTES ET DOLÉANCES DES HABITANTS DE MARCHESEUIL

Puisque nous touchons à l'époque la plus intéressante pour la France et que les malheureux habitants des campagnes en particulier, courbés

sous le poids accablant des impôts, peuvent porter
en toutte confiance aux pieds du thrône leures justes plaintes et doléances, puisque leur existence
prétieuse à l'Etat va être comptée pour quelque
chose dans la constitution politique de cette puissante monarchie ; puisqu'enfin ils acquièrent,
après bien des siècles d'esclavage et d'oppression,
la qualité d'hommes et de citoyens, ils vont oublier
leurs maux passés. Dans l'espoir d'un avenir plus
heureux, dans la douce et consolante pensée qu'ils
ne seront plus dans le cas de maudire la malheureuse fécondité de leurs compagnes, de tromper
la nature et de détourner leurs regards sur les
fruits innocents de l'amour conjugal, délivrés de
l'appréhension d'une injuste et criante répartition
de ces mêmes impôts, ils vont désormais arroser
plus que jamais la terre de leurs sueurs, afin de la
rendre plus féconde, multiplier les ressources du
commerce et de l'industrie pour contribuer de tout
leur pouvoir à la prospérité du royaume, à la
gloire et à la splendeur du règne de Sa Majesté.

Les habitants de Marcheseuil en particulier se
livreront aux transports de reconnaissance et aux
mouvements d'un amour sans borne qu'ont fait
naître dans leur âme les expressions de tendresse
et de bonté avec lesquelles ce monarque juste et
bienfésant daigne les appeler à l'assemblée nationale ; ils oseront faire entendre leur voix gémis-
sante dans une circonstance destinée à la réformation des abus et au soulagement des malheureux ;

à cet effet, ils chargent expressément leurs députés et leurs représentants de demander aux Etats généraux :

Vote par tête. — 1° Que les suffrages soient comptés par tête, sans quoi la justice rendue au Tiers-Etat en l'y appelant en nombre égal aux deux ordres réunis du clergé et de la noblesse deviendrait illusoire, et ils espèrent de l'amour patriotique des députés de ces deux ordres, qu'oubliant d'injustes distinctions, enfants de l'orgueil et d'un préjugé barbare, ils ne s'obstineront pas davantage à réclamer des privilèges que désavoue la nature, des usages que proscrit la droite et saine raison, mais que touchés de la modération du souverain, ils adopteront la décision que l'intérêt public leur a déjà prescrite, et nous accorderont ce droit imprescriptible que réclame enfin, après tant de siècles d'ignorance et de barbarie l'humanité outragée ; sans doute ils tendront une main amicale et bienfésante à des opprimés, et malgré le haut rang où ils sont élevés par leur naissance, les honneurs qui les environnent, les titres qui les décorent, ils voudront bien nous regarder comme les enfants d'une commune patrie, qui par leur travail et leur industrie, par la culture des arts de toute espèce, contribuent à leur grandeur particulière, multiplient les sources de leurs jouissances et leur procurent les aisances et les commodités de la vie.

Participation des trois ordres aux charges publiques. — 2° Par une conséquence immédiate et une suite nécessaire de ce principe, nos mêmes (députés) insisteront de tout leur pouvoir et demanderont une contribution égale des trois ordres, dans la proportion des facultés respectives, à toutes les impositions et charges publiques établies et à établir. Ce second chef, étant de la justice la plus rigoureuse, ne peut manquer d'être accueilli et accepté par les deux ordres privilégiés, attendu qu'il a pour objet la dette publique, au payement de laquelle nul individu ne peut se soustraire et se refuser, en raison de ses forces, sans renoncer à la société et aux avantages dont il jouit dans l'Etat. Ainsi donc, toutes exemptions pécuniaires doivent disparaître.

Etats de la province. — 3° Mais pour recueillir le fruit d'une si sage et si heureuse disposition à laquelle la constitution actuelle de nos états provinciaux est diamétralement opposée, il devient indispensable que nos représentants en procurent la réformation par une organisation plus conforme à la justice et à la raison. A cet effet, nous leur recommandons spécialement d'insister pour que le Tiers-Etat, et les campagnes en particulier, y soient convenablement représentées, soit dans l'assemblée des dits états, soit dans leur commission intermédiaire, par un nombre de députés égal à celui des deux autres ordres réunis, choisis librement parmi leurs pairs et par la voie du scrutin, dont les suffrages soient également comptés par tête. L'exemple du Dauphiné est trop frappant

pour ne pas faire taire toutes les vaines réclama-
tions et résoudre les objections les plus spécieuses.
L'entrée de ces intéressantes et respectables assemblées a été (par le plus criant des abus) interdite
et fermée jusqu'ici à nos bons et utiles pasteurs.
Ces lumières, ces amis, ces consolateurs de l'humanité méritent d'être distingués dans la foule de
ces ecclésiastiques qui, quoique vertueux, ne composent point la hiérarchie et qui n'y sont admis
que par l'usage et les titres de leurs bénéfices ; occupés de près de l'indigence et de l'assistance du
peuple, qui, plus éloquemment qu'eux pourrait
défendre la cause de la veuve et de l'orphelin, faire
entendre au fond de tous les cœurs la voix de
l'humanité souffrante, apprécier nos sueurs et nos
travaux, ramener l'opinion publique sur l'importance de la classe des cultivateurs et les encoura-
gements dus à des êtres précieux dans un royaume
agricole ? Hélas ! ils gémissent, ainsi que nous,
sous le poids de l'oppression et de l'avilissement,
et malgré la modicité et l'insuffisance de leurs revenus, leur charité ingénieuse a su créer pour nous
des ressources inespérées, et, dans ces temps de
détresse, a mérité les saintes et reconnaissantes
bénédictions du pauvre. Leur zèle infatigable, en
nous inspirant l'amour de la patrie, la soumission
aux lois, le plus tendre et le plus respectueux atta-
chement pour le souverain, nous a appris ses vertus, nous a fait connaître les qualités aimables de
son esprit et de son cœur. C'est à l'aide de leurs

leçons et de leurs exemples que nous sacrifions chaque jour une partie de notre subtance, et que nous retranchons sur le plus étroit nécessaire pour payer les charges de l'Etat et contribuer à la gloire et à la prospérité du règne de ce prince chéri. Nous oserons donc solliciter leur entrée aux dits Etats, non seulement comme une justice qu'on ne peut leur refuser, mais comme une grâce et un nouveau bienfait relativement à nous.

Sel. — 4° L'excessive cherté du sel est non seulement un fléau terrible pour les habitants des campagnes qui n'en usent qu'en tremblant, et dont un grand nombre est forcément obligé de se priver, malgré que ce soit, pour ainsi dire, une denrée de première nécessité, mais il en résulte encore pour l'agriculture un inconvénient désastreux. Que de maladies épargnées au bétail! quel moyen efficace pour en améliorer l'espèce! quel encouragement pour cette branche essentielle du commerce, si la sagesse du gouvernement daignait réaliser les espérances qu'il a tant de fois fait naître à cet égard! Nous ne dirons qu'un mot sur le prix excessif du tabac, sur la mauvaise qualité de celui d'aujourd'hui.

Tabac. — L'usage en est si prodigieusement répandu que la plupart des manœuvres de campagne sont forcés de retrancher sur leur nourriture pour s'en procurer, et n'est-il pas à craindre que l'odieuse parcimonie des traitants, les entraves inouïes qu'elle leur a fait inventer pour se procurer le débit et la consommation d'une denrée éventée et corrompue n'en dégoûtent la génération future et ne minent sourdement cette partie considérable des revenus du prince ?

Frais de perception des impôts. — 5° La diminution des appointements du receveur général de la province, si tant est qu'il soit reconnu nécessaire, la suppression des receveurs bailliagers et particuliers, sont un point de réforme non moins urgent et essentiel. Ces sangsues publiques, engraissées du sang du peuple, insultent par un luxe insolent à sa misère et consomment souvent sa ruine par d'étranges vexations. Nous ne parlerons point ici des taxes arbitraires, des cotes d'office que l'administration intermédiaire, séduite et déterminée par la passion, la haine et la vengeance de quelques-uns de ces subalternes ont plus d'une fois attirées sur la tête d'utiles cultivateurs et d'industrieux commerçants ; ces excès, ces abus d'authorité sont connus de toute la province et ils tendent à tarir dans leurs sources les deux mamelles de l'Etat. Chose plus révoltante encore ! ces receveurs, oisifs par opulence et dédaignant toute occupation sérieuse, s'en reposent sur de vils commis qui, sous le nom d'huissiers des tailles, en perçoivent une seconde sur les communautés par les commandements factices et mensongers qu'ils ne manquent jamais d'adresser exactement par chaque trimestre, et sans sortir du bureau de leurs commettants aux collecteurs timides et tremblants qui ont la faiblesse d'y déférer avant que la répartition n'en soit faite sur les contribuables. Cette foule de publicains pourrait être comparée à ces nuées de sauterelles ou d'insectes dévorants qui désolent et ravagent quelquefois nos contrées : les revenus de l'Etat, le prix des sueurs et des travaux du pauvre nous sont expressivement représentés par l'emblème de la livre de beurre.

Haras. — 6° L'institution et l'établissement des haras mérite également l'animadversion publique et la censure de tout bon citoyen. Sans entrer ici dans le détail des dépenses superflues qu'ils occasionnent à la province, surtout dans les temps de calamité, qu'il soit permis à de pauvres campagnards d'observer à l'administration que son zèle et son amour pour le bien public sont souvent trompés et induis en erreur par les personnes intéressées à en prôner l'utilité et les avantages. L'expérience nous a détrompés ; nos contrées se dépeuplent de chevaux destinés à la culture des terres par l'impossibilité physique qu'un ou deux étalons souvent énervés puissent fournir au sault des juments de tout un arrondissement. C'est donc une ressource enlevée aux cultivateurs et une surcharge gratuite pour la province.

Ecoles vétérinaires. — 7° Les écoles vétérinaires méritent sans doute l'approbation et la louange du public; mais n'est-il pas surprenant que dans le siècle des lumières, de la bienfaisance et de l'humanité on ait oublié les hommes ? L'administra-

tion, il est vrai, répand dans nos campagnes différents remèdes et médicaments pour subvenir au
soulagement des malheureux, mais où est le guide
expérimenté qui en juge et en détermine l'application? Ces secours deviennent quelquefois meur-
triers pris à contre temps, funestes par défaut d'art
et de connaissances, et ne serait-il pas digne de la
nation la plus policée de l'Europe de substituer à
tant d'établissements moins utiles celui d'un méde-
cin instruit dans un certain arrondissement, ou,
par une économie peut-être mieux entendue, l'en-
courager par quelques privilèges ou quelques mar-
ques distinctives, à visiter et soigner, quand il en
serait requis, les pauvres malades des campagnes?

Droits féodaux. — 8° Enfin, quoique le règne
féodal ait disparu en France, la mainmorte, la corvée, la taille seigneurialles, le droit de guet et garde
surtout (puisqu'il n'a plus aujourd'huy d'objet, et
que les seigneurs ne sont plus dans le cas d'accor-
der à leurs vassaux ni azile ni protection, que leurs
fossés et leurs châteaux ne sont plus en état de défense et que la plupart les ayant convertis en des
lieux de plaisance et de commodité) nous rappellent encore les temps d'aristocratie dont la tradition de nos pères nous a conservé la mémoire. On
nous opposera sans doute ici les droits sacrés et
inviolables de la propriété : Ah! sous l'empire du
héros de l'humanité, les grands, jaloux de lui plaire,
n'auroient-ils pas le courage de lui ressembler par
la remise gratuite et volontaire de ces droits si peu

importants pour eux et si onéreux pour nous. Hélas ! faut-il qu'un fatal égoïsme, une aveugle cupidité, glacent leur sensibilité et enchaînent leur bienfaisance !

Telles sont les justes plaintes et doléances, les très humbles remontrances que les habitants de Marcheseuil osent adresser à l'élite de la nation, chargée de la représenter dans une assemblée la plus mémorable de toutes, qui fera, par sa juste et nouvelle organisation l'époque la plus glorieuse du règne de Sa Majesté comme la plus intéressante de la monarchie. Puissent les illustres dépositaires de la confiance publique en justifier le choix par leur prudence et leur haute sagesse ! Ils vont avoir entre leurs mains le destin de la France et de la Bourgogne en particulier. Puissent les députés des trois ordres se ressouvenir que les précédentes, et notamment celle de 1614, n'ont apporté aucun remède à nos maux ni soulagement à nos misères! Puissent-ils surtout par une sainte union et une heureuse harmonie correspondre aux vues d'un monarque juste et bienfésant, lui rendre le calme et la tranquilité dont il est privé depuis si long-temps, en assurant la félicité publique, en rémédiant aux abus qui pèsent sur le cœur sensible et paternel de ce digne rejeton de Henri IV. L'estime et la reconnaissance publique les attend au bout de la carrière ; ils mériteront une place distinguée dans le temple de mémoire, la renommée publiera leurs vertus en consacrant leur patriotisme, et nous apprendrons à nos enfants à bégayer leurs noms chers à la patrie.

A Marcheseuil, le 14 mars 1789.

Nota que le chapitre de la cathédrale d'Autun vient d'enlever à la paroisse de Marcheseuil une prodigieuse quantité de bois dont elle avait la jouissance immémoriale en payant au dit chapitre une redevance d'un boisseau de froment, mesure d'Autun, par chaque feu. Cette paroisse avait d'abord défendu à la demande de ce corps riche et puissant : mais pouvant à peine fournir aux impositions annuelles et progressives, cette malheureuse communauté épuisée, n'ayant pu fournir aux dépenses qu'exigeait la défense d'un droit sacré et incontestable, eut la douleur de succomber par deffaut : c'est donc ici le pot de fer contre le pot de terre. Chose plus affreuse encore et plus inouïe ! le chapitre a fait jouer des ressorts secrets, et à force de ruses et d'artifices, a surpris un désistement de la part d'un grand nombre des membres de cette communauté ainsi que de plusieurs forains, et par ce moyen est venu à bout de se le faire adjuger par le Conseil, et les frais occasionnés par la perte de ce procès, l'impossibilité de relever le défaut, vient de consommer la ruine de ces malheureux. Ils ne craindront pas d'implorer, dans cette circonstance qui leur est particulière, la justice et la protection spéciale du gouvernement, attendu qu'ils n'en payent pas moins le boisseau par feu, malgré qu'ils soient privés de ces bois.

A Marcheseuil, lesdits jour et an.

> J. LANTISSIER, MOREAU sindic, FRANÇOIS DESERTEAU, JEAN PONNELLE, A. RAVET, CLAUDE MOREAU, RÉNÉ MANLAY, COMMUNEAU, ANDRÉ ROBLOT, POUSSIER, J. P. COMEGRAIN, GUENOT, RENAULT, LEFEBVRE député, DESCHAMP, P. COMMUNAUT, PONNELLE député, BOUHERET notaire royal[1].

Durant la Révolution de 1789, Marcheseuil eut la gloire éphémère d'être chef-lieu de canton. Rappelons à ce sujet que la loi du 22 décembre 1789 divisa la France en départements, districts et cantons. La loi du 3 septembre 1791 conserva cette division. Mais la loi du 24 juin 1793 supprima les cantons qui furent rétablis par la constitution de l'an III, laquelle supprimait d'autre part les districts. Enfin, la loi de pluviôse an VIII (17 février 1800), concernant la division du territoire de la République, et donnant une nouvelle forme à l'administration départementale, institua, entre le département et le canton, l'arrondissement communal. Dans la nomenclature annexée à cette loi, Marcheseuil figure parmi les vingt-six cantons de l'arrondissement de Beaune[2].

---

1. *Mémoires de la Société Eduenne.* Nouvelle série, t. IV, p. 327 et suiv.

2. Les autres cantons étaient : Mont-Saint-Jean, Pouilly, Châteauneuf, Veuvey, Savigny, Nuits, Bonnencontre, Saint-

Le canton de Marcheseuil comprenait huit communes : Marcheseuil, Bar-le-Régulier, Manlay, Menessaire, Savilly, Vianges, Villiers, Voudenay.

Dans une séance du 30 pluviôse an VIII, il est procédé à la prestation de fidélité à la République par les fonctionnaires du canton. D'après cette liste et cette délibération, on voit que chaque commune fournissait un agent et un adjoint municipal. Il y avait un juge de paix, un greffier, une trentaine d'assesseurs, un huissier, un notaire, trois percepteurs. Les agents de chaque commune sous le nom d'administrateurs, se réunissaient à Marcheseuil, traitaient de tous les intérêts du canton, fixaient les impôts de chaque commune en proportion de la somme totale que le canton devait fournir, désignaient les conscrits qui devaient aller à l'armée, et procédaient aux remplacements. Ce n'était pas le sort qui décidait, mais l'âge. Il fallait avoir vingt ans révolus pour être portés sur la liste, et, sur cette liste, on prenait en commençant par les plus jeunes, le nombre exigé pour le canton.

On ne tarda pas à trouver trop considérable le nombre des justices de paix dont chaque canton était le siège, et une loi du 8 pluviôse an IX (28 janvier 1801), ordonna que le nombre des justices

---

Jean-de-Losne, Seurre, Labergement-les-Seurre, Mercueil, Meursanges, Corpeau, Nolay, Ivry, Viévy, Liernais, Arconcey, Arnay-sur-Arroux, Bligny-sur-Ouche, Bouze, Meursault, Beaune, Corgoloin et Argilly.

de paix serait ramené à un minimum de 3,000 et à un maximum de 3,600 pour toute la France.

Cette loi fut appliquée au département de la Côte-d'Or par un arrêté du 9 octobre 1802, qui supprima nombre de cantons établis par les lois précédentes, et notamment celui de Marcheseuil. Les cantons de l'arrondissement de Beaune furent réduits à dix.

On eut à déplorer, durant la Révolution, à Marcheseuil, comme dans plusieurs localités, de honteux excès de violence à l'égard de la noblesse. Quelques habitants de Vianges et de Marcheseuil, à l'instigation d'un personnage étranger à la commune, se livrèrent à des voies de fait sur M. Comeau de Charry, seigneur de Brazey-en-Montagne. Réfugié chez M. de Somme, M. Comeau de Charry, en présence des menaces faites à la porte de la maison, prit la fuite et gagna la montagne de Bar, d'où il espérait se rendre à Bar, chez M. de Moncrif, son parent. Arrêté, il fut amené à Marcheseuil. On lui fit subir, dans le cimetière, durant trois heures, les plus grossières avanies. Un procès fut intenté ; il y eut un arrêt de condamnation à la prison et à une amende : mais cet arrêt resta sans effet par suite de la Révolution.

CHAPITRE XIII

LE TIERS-ÉTAT

Le peuple. — Familles anciennes et modernes. — L'instruction publique. — Magistrats de la commune.

Nous avons étudié, dans les pages précédentes, le clergé et la noblesse, l'église et le château.

L'Eglise a aimé la jeune nation, qui devait être la France comme sa fille aînée. Elle l'a façonnée d'une manière toute divine pour la préparer à ses grandes et immortelles destinées. Sous l'influence bénie des enseignements du Saint-Siège, sous la tutelle éclairée et paternelle de ses évêques et de ses docteurs, la France a grandi, pure de toute hérésie et fidèle à sa mission.

La noblesse française a pris à l'école de l'Evangile, au pied des autels de Jésus-Christ, ces grandes leçons d'honneur et de vaillance qui forment son caractère le plus saillant en même temps que sa gloire la plus incontestée : l'honneur, ce sentiment profond qui a été le principe, l'objet et la conséquence de la chevalerie, et qui nous est resté comme un héritage inaliénable ; la vaillance, incarnée dans les preux d'hier et dans les braves d'aujourd'hui.

Sous la bénédiction d'en haut, sous le splendide rayonnement de cette puissance incomparable qu'on appelle l'honneur et la vaillance, la France a projeté au loin une lumière extraordinaire. Elle a agrandi ses frontières, unifié ses provinces, et s'est placée à la tête des nations de l'Europe. Qu'elle trouve dans le passé un encouragement pour le présent et une espérance pour l'avenir !

A côté de l'église et du château, vivait une classe de personnes qu'on appelle aujourd'hui le tiers-état. C'est le peuple, dont l'existence était modeste, et qui n'a pas laissé d'histoire, à proprement parler, ce qui n'ôte rien à sa dignité, ni devant Dieu, ni devant les hommes. Nous savons bien que nous marchons sur des charbons ardents, mais nous trouvons qu'on a considérablement abusé du spectre du passé. On a effrayé le paysan par des récits exagérés, mensongers souvent. Le peuple des campagnes, à Marcheseuil comme ailleurs, était peut-être moins à plaindre qu'on le pense communément. Parmi nos ancêtres, les uns étaient fermiers ou serviteurs du chapitre d'Autun ou de la petite noblesse qui vivait sur le territoire de la paroisse ;

les autres cultivaient l'héritage paternel ; d'autres
exerçaient une profession. Aujourd'hui, on rencontre encore des gens de métier, des fermiers, des
domestiques et des cultivateurs. On payait la dîme,
on paie l'impôt ; on faisait six jours de corvée par
an, plus les corvées pour l'entretien des chemins,
on fait présentement des prestations.

A lire attentivement les cahiers de doléances, on
voit que la dîme ne paraît pas avoir soulevé alors
autant d'indignation que son nom seul en excite
un siècle après. Ceux qui la payaient criaient moins
fort que ceux qui ne la connaissent que par ouï-dire.
Les populations regardaient comme nécessaires les
dépenses du culte et de l'école. Elles s'opposaient
seulement aux détournements des décimateurs. Qu'il
y ait eu des abus dans l'ancien régime, c'est possible. N'y en a-t-il plus aujourd'hui ? L'abus est de
tous les temps, parce que toujours l'homme eut
des passions.

Les noms de famille viennent de la possession
d'une terre, de l'origine d'un pays ou région, de la
résidence en un lieu dit, de la profession, de la
qualité et de la personne physique des individus,
souvent d'un sobriquet [1].

Dans le cours des xv⁰ et xvie siècles, on rencon-
tre à Marcheseuil les noms des familles suivantes :
Le Maire, Jacob, Pelletier, Monin, Mellin, Canet,
Fornerat, Caillet, Patroullet, Thoisot, Bouthin,

---

1. Voir notre *Histoire de Drée, de Verrey-sous-Drée,* etc.,
(page 122.)

Maulcouret, Bouchotte, Quarotte, Rappey, Thomas, Delaborde, aujourd'hui disparues du village.

A la même époque, on trouve les noms suivants : Perrin, Moreau, Saulgeot, Ponnelle, Girardin, Bouley, Guenot, Nouveau, Deschamps, Charbonnier, Lacroix, Commegrain, encore subsistants.

Voici les noms des autres habitants de Marcheseuil : Jeannin, Lambert, Laurent, Léger, Poinssot, Renaud, Roblot, Thibaut, Bourg, Bourgogne, Communaux, Deblangey, Dessertaux, Dureuil, Lacomme, Lamotte, Manlay, Menneveau, Amiot, Baillet, Bouheret, Brochot, Chevalier, Cortot, Ferret, Grignard, Labille, Lecomte, Rousseau, Roy, Vieillard, Belin, Buthiau, Cautain, Daviot, Diollot, Fichot, Gibassier, Largy, Lépée, Marlot, Mauguin, Poccard, Ravet, Truchot.

Un mot sur l'instruction publique.

Notre siècle se targue de la diffusion de l'instruction. Rien de plus légitime. La science est une excellente chose pourvu qu'elle ne gâte ni l'esprit ni le cœur. La vraie science agrandit l'horizon de l'esprit et donne lieu à des applications utiles dans la société. La science vraie est l'auxiliaire de la foi, car, au bout de toute science on trouve Dieu, *Deus scientiarum dominus*. Autant la science vraie est précieuse, autant la fausse science est à craindre : cette dernière procure l'infatuation de l'esprit, la dépravation du cœur, le déclassement dans la société avec toutes ses suites fâcheuses. Un peuple ne doit être fier de sa civilisation et de sa culture intellectuelle que lorsque les citoyens deviennent meilleurs, que le nombre des crimes est diminué, l'autorité respectée, les droits de tous sauvegardés, les devoirs de chacun pratiqués.

L'église, qui a reçu la mission de diriger et d'enseigner toutes les nations, a compris son rôle. On sait à quel degré d'abaissement et de matérialisme l'Eglise trouva les esprits en Orient et en Occident à la fin de l'empire romain. Elles les releva, les idéalisa. La puissance sacerdotale pouvait seule arrêter les cruels abus de la force. Aussi les évêques, les Pères de l'église furent à la fois littérateurs et pasteurs des âmes. Afin d'établir dans les esprits la notion de la raison et de la justice, l'Eglise fonda l'école. A l'Eglise la suprématie spirituelle, à l'Eglise l'auréole de la science.

Les premières écoles, en Orient comme en Occident, furent fondées dans les villes où étaient établis les sièges épiscopaux. Plus tard, les écoles fleurirent à l'ombre des cathédrales. A mesure aussi que les monastères s'étendent sur la surface du monde chrétien, on voit se créer des écoles à côté du sanctuaire. Saint Jean Chrysostome exprime le désir que les couvents distribuent le pain de la science non seulement aux clercs mais aux laïques, « afin que de bonne heure une solide éducation les arme contre le doute et fortifie leurs vertus. » Les fils des rois sont confondus avec les enfants pauvres dans les écoles monastiques. Parti de Rome

où, du sol arrosé du sang des martyrs, on avait vu
surgir les premières écoles épiscopales, le mouvement se répandit en Italie et dans les Gaules. Les
conciles ordonnaient aux prêtres de la campagne
de remplir le rôle d'éducateurs des enfants, et de
procurer la fondation des écoles dans les paroisses.
La vie intellectuelle se réveille sous l'inspiration
de l'Eglise. Durant les ravages des Barbares, elle
s'abrita sous les donjons des monastères, et, tandis
que le sol des Francs se défrichait sous la bêche du
moine, l'esprit européen était en formation et se
développait parallèlement, de sorte que la parole du
protestant Gibbon est vraie à tout point de vue :
« Comme les abeilles font leur ruche, les Evêques
ont formé l'Europe. »

Chaque siècle a ses goûts, ses besoins. Sous la
féodalité, les nobles dédaignaient l'étude pour les
armes, confiant le reste aux clercs et aux notaires.
C'était un usage reçu ; on ne peut dire qu'on était
arriéré. Avant la diffusion du commerce, le peuple ne sentait pas la nécessité de savoir lire et
écrire ; alors il n'était pas arriéré, il le serait aujour-
d'hui. Est-ce qu'il n'y a pas maintenant certaines
sciences qu'il est inutile au peuple de connaître ? Et
pourtant il peut se faire que dans quelques siècles,
l'état de la société en exige la connaissance ; on
sera donc en droit de nous appeler arriérés nous,
hommes du xixᵉ siècle ! Sachons faire la part du
temps, des goûts et des nécessités.

A Marcheseuil, l'enseignement primaire se donna

dans différentes maisons, jusqu'en 1837. A cette époque, sous l'administration de **M. Maygret,** maire, on construisit la maison commune actuelle, sur la place, au-dessus de la fontaine Saint-Marcel et du lavoir public.

Les instituteurs titulaires furent, depuis la Révolution : *Gossot,* en 1802; *Ougeot,* en 1810; *Lobbé,* en 1813; *David,* en 1818; *Morizot,* en 1823; *Chaudron,* en 1837; *Pommereau,* en 1842; *Perrin,* en 1851; *Foisset,* en 1879; *Silvestre,* en exercice.

L'école de filles, tenue par une instructrice laïque, fut établie en 1872.

L'école de Suze fut construite en 1884, pour les enfants de Suze et des Bordes.

Les écoles communales de Marcheseuil relèvent de l'inspection d'Arnay-le-Duc, créée en 1879.

Mentionnons aussi les noms des fonctionnaires municipaux qui ont exercé la magistrature locale depuis la Révolution. On trouve comme maires : *Lefebvre,* en 1790; *Ponnelle,* an II de la République; *Guenot André,* an VI ; *Guenot Lazare,* an VIII; *de Monard* (le général), en 1816 : *Philippot,* en 1818; *Tissier,* en 1822 ; *Grignard,* en 1826; *Maygret,* en 1830; *Lemonnier,* en 1838; *Guenot Pierre,* en 1840 ; *Saulgeot,* en 1868; *Laurent,* en 1870 ; *Rousseau,* en 1874; *Labille,* en 1887 ; *Perrot Jean-Marie,* en 1893.

ÉPILOGUE

J'ai chanté mon pays, ses genêts, sa bruyère,
Sa montagne, son sol, son granit, sa rivière.
Evoquant du passé cet instant solennel,
Où du monde naissant l'architecte éternel,
En se jouant, faisait bondir l'air, la lumière,
Les astres, l'eau, le feu, le ciel, la terre entière,
Nous avons admiré le bras du Tout Puissant
Qui dressa l'univers, enfant obéissant.
Puis des êtres vivants la série étonnante
Evolue à nos yeux dans sa marche incessante.
Les plateaux de l'Auxois naquirent dans les flots,
Ossuaire rocheux des habitants des eaux.
Les torrents, les glaciers, dans la plaine striée,
Découpent la colline et creusent la vallée.
L'ours, en son antre obscur, vivait en souverain,
Quand l'homme se rendit le maître du terrain.
Salut, vieux sol gaulois, toi qui fus dans l'histoire,
Tout pétri de fierté, de liberté, de gloire.
Salut à toi, Romain, vainqueur de l'univers,
Poliçant à la fois mille peuples divers.
Mais voici que soudain une clarté sereine

S'élève en Orient ; sauvant la race humaine,
Le Christ est apparu ; son règne est éternel,
Et sa croix brillera d'un éclat immortel.
Des flancs du Rédempteur la sainte Église est née,
Des peuples et des rois changeant la destinée.
Viens, ô France, il est temps, viens, ô fille des cieux,
Parmi les nations prendre un rang glorieux.
Dans la cité de Reims, le Pontife qui prie,
En baptisant Clovis, baptisa la patrie.
Et toi, Bourgogne aimée, ô pays du soleil,
De l'esprit, du froment, et du nectar vermeil,
Toi qui fus mon berceau, mon séjour, ma demeure,
Prends ma dépouille aussi, puisqu'il faut que je meure.
Enfants de Marcheseuil, aimez votre pays ;
Votre bonheur est là ; croyez-moi, mes amis.
Du foyer paternel gardez l'honneur antique ;
Conservez des aïeux le Credo catholique.
Aimez la sainte Église et la France en ces jours !
Et portez haut le front. Debout ! Debout toujours !

FIN

TABLE DES MATIÈRES

Imprimerie générale de Châtillon-sur-Seine. — PICHAT et PÉPIN.

HISTOIRE

DE

DRÉE, DE VERREY-S-DRÉE

ET DE

LA MAISON DE DRÉE

CHEZ L'AUTEUR

IMPRIMERIE GÉNÉRALE DE CHATILLON-SUR-SEINE. — PICHAT ET PEPIN.

9 782019 992996